Arena-Taschenbuch
Band 0330

Franz S. Sklenitzka,
geboren 1947, zählt zu den bekanntesten Kinder- und Jugendbuchautoren Österreichs. Seine Bücher, die er auch selbst illustriert, wurden in mehrere Sprachen übersetzt. Sie erhielten zahlreiche Auszeichnungen. In der »Werkstatt« des ehemaligen Volksschullehrers entstehen auch Comics, Schulbuchbeiträge und Hörspiele.

Arena-Taschenbücher von Franz S. Sklenitzka:

»Drachen haben nichts zu lachen« (Band 1441)
»Hase und Igel« (Band 1853)
»Der Schatz im Ötscher« (Band 0316)
»Krimi-Rallye« (Band 0317)
»Wer war es wirklich« (Band 0319)
»Die Ruine« (Band 0326)

Franz S. Sklenitzka

Der Schwarze Graf

Ein interaktives Leseabenteuer

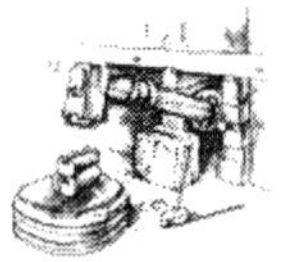

Arena

In neuer Rechtschreibung

1. Auflage als Arena-Taschenbuch 1998
Lizenzausgabe des Verlags Niederösterreichisches
Pressehaus, St. Pölten – Wien

Umschlagillustration: Angela Weinhold
Innenillustrationen: Franz S. Sklenitzka
Gesamtherstellung: Westermann Druck Zwickau GmbH
ISSN 0518-4002
ISBN 3-401-00330-5

Warnung ✻ Warnung ✻ Warnung

Nach diesem Buch bist du nicht mehr der- oder dieselbe. Rechne damit, dass du dich während des Lesens veränderst, dass deine Wangen Farbe annehmen und deine Ohren heiß werden, dass dir der Mund trocken wird oder dass dein Puls schneller geht. Und sei darauf gefasst, dass sich deine Frisur verändert – es erwartet dich eine haarsträubende Geschichte . . . *

Über weitere erwünschte oder unerwünschte Nebenwirkungen informieren Autor und/oder Verlag.

* Gut möglich, dass dieses Buch auch bei deinem Frisör aufliegt. Frisöre lieben es, wenn sich die Haare ihrer Kunden sträuben. Das erleichtert das Haareschneiden.

✻ Hand aufs Herz ✻

Du bist umsichtig? Mutig? Schlau? Zäh und ausdauernd wie ein Hammerschmied? Du bist verständnis- und humorvoll, hast einen eisernen Willen, Nerven aus Stahl und verlierst nie die Fassung? Gut. Eigenschaften wie diese wirst du brauchen, wenn du weiterlesen willst.

Du leidest unter Angstschweiß und Herzflattern? Du hast einen unruhigen Schlaf und neigst zu Alpträumen? Du bist schreck- und zaghaft, ängstlich, nervös und schnell entmutigt? Du kannst Enttäuschungen nicht verwinden? Und humorlos bist du obendrein? Du solltest das Buch spätestens an dieser Stelle aus der Hand legen – und zwar rasch. Vielleicht kannst du es jemandem schenken, der eher dafür geeignet ist (siehe oben).

Garantie ✱ Garantie ✱ Garantie ✱ Garantie

Für alle, die weitermachen wollen: Achtung, liebe Leserin, lieber Leser! Diese Geschichte ist wie ein Irrgarten – aber es gibt einen Weg, der ans Ziel führt. Abkürzungen sind eher selten. Umwege schon häufiger. Du wirst auf allerhand Hindernisse stoßen, merkwürdige Gestalten werden dir begegnen und unheimliche Vorkommnisse dafür sorgen, dass deine Reise nicht eintönig verläuft. Es kann – und das muss spätestens an dieser Stelle gesagt werden – jederzeit geschehen, dass sich ein geheimnisvolles Buch von selbst aufschlägt, dass ein rußgeschwärzter Köhler deine Hand ergreift oder dass dich der Schwarze Graf zwingt einen Schluck Wein aus seiner Flasche zu nehmen, Eisenstraßenwein. Aber auch Schlimmeres ist denkbar: Da verspürst du plötzlich in einer halb verfallenen Scheune einen heftigen Schlag gegen deinen Kopf – oder du entdeckst ebendort einen nackten menschlichen Fuß, der aus dem Heu ragt. Lass dich nicht entmutigen! Mit solch unangenehmen Zwischenfällen müssen Abenteurer wie du nun einmal rechnen – und fertig werden.

Wenn nicht im ersten Anlauf, dann eben im zweiten, dritten oder vierten – oder im zweiundfünfzigsten. Also, auch wenn es nicht danach aussieht: Diese Geschichte lässt sich erfolgreich zu Ende bringen! Dafür garantieren wir. Wir, die vereinigten Hacken- und Messerschmiede, Hammerherren und Schwarzen Grafen der Eisenstraße. Wie heißt das alte Sprichwort? Jeder ist seines Glückes Schmied. Vergiss das nicht!

Was du mit auf deine Reise nimmst: Fahrrad mit Luftpumpe, Schutzhelm, Universal-Taschenrechner mit Dosenöffner und Korkenzieher, Taschenlampe, Ersatzbatterien, ein Stück Blumendraht (hat sich noch immer bewährt), Klebeband, Kaugummi, Heftpflaster, eine Niederösterreich-Karte, Badezeug, Notizheft und Kugelschreiber, Taschengeld, Sonnenbrille, Schülerausweis, eventuell einen Fotoapparat. Und einen Rucksack, um all diese Dinge zu verstauen.

Was du zu Hause lassen kannst: Fallschirm, Wintermantel, Golfschläger, Lupe, Knickerbocker, Nagellack, Moskitonetz, Flugticket, Schnurlos-Telefon, Surfbrett, Lockenwickler, Schreckschusspistole, Fernsehprogramm . . .

Das Spiel kann beginnen!

Lesen auf eigene Gefahr!

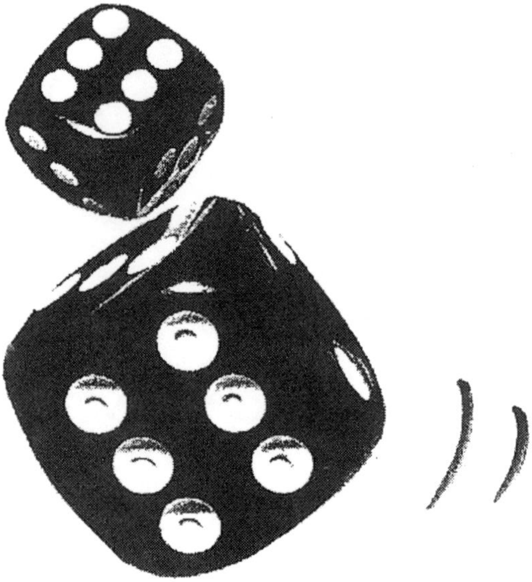

AUFGEPASST! Solltest du zu einer Würfelstation kommen und keinen Würfel bei dir haben, kannst du dieses Buch als eine Art Daumenkino benützen. Das geht so: Du lässt die Buchseiten unter deinem Daumen rasch durchlaufen und hältst bei irgendeiner Seite. Das Würfelbild auf dieser Seite zeigt dir die Augenzahl an, die du »gewürfelt« hast.

Abenteuer an der EISENSTRASSE

Du sitzt im Eilzug von Amstetten nach Kleinreifling und hast dich in ein Buch vertieft. Als du aufblickst, erschrickst du ein wenig. Dir gegenüber hockt plötzlich ein Mann, der recht seltsam ausschaut. Sein Äußeres ist nicht gerade Vertrauen erweckend.

Die Wangen sind hohl und eingefallen, seine Augen liegen tief in den Höhlen. Um das Kinn wuchert ein grauer Stoppelbart. Die Haare sind lang und reichen ihm bis zur Schulter. Sie sehen verfilzt aus. Auffallend ist die Farbe: Bis auf ein paar graue Strähnen sind sie rabenschwarz.

Seine Jacke und seine Hose sind abgetragen. Am Hemd fehlen mehrere Knöpfe. Eine Sicherheitsnadel hält es über der Brust zusammen.

Dein Gegenüber riecht nach Wein, nach Zigaretten und so, als ob er schon lange nicht mehr gebadet hätte. Du rümpfst die Nase.

Der Schaffner betritt den Waggon. »Fahrscheine vorweisen, bitte!« Dein Sitznachbar legt einen kleinen schäbigen Koffer auf seine Knie, öffnet einen Lederriemen, der den Koffer zusammenhält, und fängt an darin zu kramen. Ungeduldig trommelt der Schaffner auf seine Tasche. Der Landstreicher beginnt inzwischen seinen

Koffer auszuräumen: Zeitungen, Briefe, ein Paar Wollsocken; Stück für Stück legt er auf den Sitz neben sich. Ob du willst oder nicht, du musst einfach zusehen. Ein halber Laib Brot kommt zum Vorschein, ein Brotmesser, Sicherheitsnadeln, eine Dose Sardinen, eine angebrochene Flasche Wein.

Eine Weile schaut auch der Schaffner wortlos zu. Dann verliert er die Geduld.

»In fünf Minuten komme ich wieder«, sagt er barsch zu dem seltsamen Passagier, »und wenn du in fünf Minuten deinen Fahrschein nicht gefunden hast, steigst du aus!«

Der Landstreicher sucht weiter, räumt zwei Bücher aus dem Koffer und noch eine alte Zeitung. Leider kannst du nicht sehen, welche Bücher es sind, er legt sie mit dem Rücken nach oben auf das übrige Zeug.

Bald darauf ist der Schaffner wieder zur Stelle, diesmal in Begleitung des Zugführers.

»Na, wo bleibt der Fahrschein?«

Der Alte zuckt die Achseln. »Ich weiß, dass ich einen hab«, brummt er eigensinnig. »Bloß *wo,* weiß ich nicht.«

»Das kannst wem anderen erzählen«, sagt der Zugführer. »Jetzt heißt's nachzahlen!«

»Geld hab ich keins«, murmelt der Mann. »Keinen Groschen. Aber einen Fahrschein hab ich. Irgendwo muss er ja sein.«

»Geld hast auch keins? Hätt ich mir denken können«, sagt der Zugführer. »Los aussteigen! Für heut ist's vorbei mit dem Schwarzfahren!«

Der Alte protestiert, aber das nützt ihm nichts. Mit spitzen Fingern stopfen die beiden Eisenbahner die Sachen des Landstreichers wieder in den Koffer, drücken den Deckel zu und verknoten den Riemen. Der Größere der beiden packt den Fahrgast beim Kragen, drängt ihn zur Tür und befördert ihn unsanft aus dem Waggon. Der andere stellt ihm den Koffer auf den Bahnsteig.

Der Zug fährt wieder los. Du legst dein Buch beiseite und blickst aus dem Fenster. Draußen auf dem Bahnsteig im Regen steht, neben seinem schäbigen Koffer, der Landstreicher und schimpft vor sich hin.

Als du dich wieder deinem Buch zuwenden willst, fällt dir auf, dass unter dem Sitz dir gegenüber ein Gegenstand liegt. Anscheinend gehört er zu den Sachen des Landstreichers und ist bei der Razzia zu Boden gefallen.

Du hebst das Ding auf. Es ist mittelgroß, greift sich fest an und ist lose in mehrere Blätter fleckiges Zeitungspapier eingeschlagen. Eigentlich möchtest du nachsehen, was da verpackt ist, aber du musst an der nächsten Station aussteigen. Was tun? Das Ding dem Schaffner geben? Der ist nicht da, ist vielleicht in einem Wagen am anderen Ende des Zuges. Selbst wenn er da wäre, er würde das Paket des Landstreichers doch nur in den Müll werfen. Kurz entschlossen, nimmst du es an dich und steckst es in ein Seitenfach deines Rucksacks. Vielleicht solltest du das Ding dem Bahnhofsvorstand in Waidhofen aushändigen.

Aber als du den Zug verlässt, erwarten dich zwei Freunde auf dem Bahnsteig und überfallen dich mit einer Neuigkeit: »Stell dir vor, wir können die Schülerzeitung machen! Wir haben einen Geldgeber gefunden!« Sie verwickeln dich sofort in ein Gespräch. Du vergisst völlig, dass du eigentlich ein Päckchen abliefern wolltest. So bleibt es vorerst im Seitenfach deines Rucksacks verwahrt . . .

Den Vorfall mit dem Landstreicher im Eilzug hast du bald vergessen.

1

Wochen später . . .

Du sitzt am Ufer und blickst auf die Uhr. Bald vier vorbei. Deine Freundinnen und Freunde lassen auf sich warten. Seltsam. Ihr habt euch für heute hier verabredet: hier, an diesem Badeplatz an der Ybbs. Hier, in dieser Bucht, für diesen Tag, zu dieser Stunde. Ihr wolltet euch wegen der Schülerzeitung besprechen: Die erste Redaktionskonferenz war angesagt. Aber außer dir ist weit und breit niemand zu sehen. Was tun? Du beschließt noch ein Viertelstündchen zuzuwarten. Weiter bei **2**.

2

Da treibt im blau-grünen Wasser etwas auf dich zu, etwas, das aussieht wie eine Flasche – zugekorkt, aber anscheinend leer. Langsam schaukelt das Ding in der Nähe des Ufers auf den Wellen. Du runzelst die Stirn. Wollte vielleicht ein Badegast sein Getränk einkühlen und die Flasche hat sich losgerissen? Voll kann sie nicht mehr sein, sonst wäre sie gesunken. Gibt es noch immer Leute, die ihren Müll auf diese Weise entsorgen? Wer weiß, was die Flasche enthält! Was wirst du tun?

Möchtest du die Flasche aus dem Fluss holen? Weiter bei **3**.

Oder lässt du sie vorübertreiben? Weiter bei **101**.

3

Du brauchst nur die Hand auszustrecken und schon hast du die Flasche aus dem Wasser geholt. Es ist eine Wein-

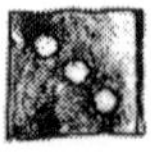

flasche, das Etikett klebt noch am Glas. Im Bauch der Flasche bewegt sich irgendetwas Dünnes, Schmales, nicht größer als eine Zigarette. Deine Neugier ist längst erwacht.

Wird die Ybbs noch immer als Verkehrsweg genützt? Wandern heute geheime Botschaften flussabwärts, wo früher einmal Eisen und Holz transportiert wurden? Du drehst die Flasche in deinen Händen. Sie ist leer – bis auf ein kleines zusammengerolltes Stück Papier. Willst du die Flasche öffnen?

Ja. Jetzt, wo du die Flasche an Land geholt hast, möchtest du natürlich über den Inhalt Bescheid wissen. Weiter bei **4**.

Nein. Du denkst, dass sich jemand einen dummen Scherz erlaubt hat, lässt die Flasche zugekorkt und wirfst sie wieder ins Wasser. Weiter bei **101**.

4

Du holst dein Universalmesser aus dem Rucksack. Das gute Stück ist sein Geld wert. Immer wieder hat es dir gute Dienste geleistet. Wer weiß, vielleicht ist es sogar irgendwo hier in der Nähe erzeugt worden. Die ganze Gegend war ja bekannt für ihre Eisenwaren, so viel weißt du noch aus der Volksschule.

Du klappst das Messer auf. Es hat nicht nur zwei Klingen, einen Dosenöffner und eine kleine Säge, sondern auch einen Korkenzieher. Mit einiger Mühe schaffst du es den Stöpsel aus dem Flaschenhals zu holen. Dabei machst du eine neue Entdeckung: Spuren von Wachs kleben an der Öffnung, als ob jemand die Flasche als Kerzenständer benützt hätte. Weiter bei **5**.

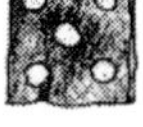

5

Du schaust dir die Flasche genauer an. Wer weiß, vielleicht verrät sie etwas über den Absender. *Eisenstraßenwein* kannst du auf dem Etikett lesen. Darüber ist ein merkwürdiges Gebäude abgebildet. Es ist kein Foto, es ist keine Zeichnung, nein, es schaut aus, als hätte ein Künstler das Bild auf dem Etikett gemalt. Das Gebäude ist ein Mittelding zwischen Schuppen, Haus und Fabrik, hat einen dreieckigen Giebel und einen hohen Rauchfang. Oder sind es zwei?

Du denkst nach, kannst dich aber nicht erinnern ein Bauwerk wie dieses schon einmal gesehen zu haben.

Auch auf der Rückseite der Flasche klebt ein Stück Papier. Es schaut so aus, als hätte jemand versucht dieses Etikett abzulösen. Nur ein kleiner Rest haftet noch auf dem Glas. Darauf ist ein seltsames Zeichen zu sehen. Es erinnert dich an einen dreieckigen Hausgiebel. Drei Dreiecke sind schräg in einer Reihe angeordnet. Unter dem Zeichen kannst du den Schriftzug EISENSTRASSE entziffern. Weiter bei **34**.

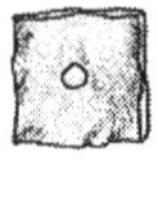

6

Die Cafés sind gut besucht an diesem Tag. Erst nach längerem Suchen findest du einen Platz. Lange überlegst du, ob du einen Energiedrink oder ein gemischtes Eis bestellen sollst. Am Nebentisch sitzt eine gut genährte Dame mittleren Alters. Die weiß, was sie will, denkst du. Als man ihr den Kaffee mit einem Glas Wasser und eine Schokotorte serviert, siehst du ihre Augen richtig aufleuchten. Du spürst förmlich, wie ihr das Wasser im Mund zusammenläuft. Mit gezückter Kuchengabel sticht sie eifrig Stück für Stück von der Torte, um sie mit Andacht zu verspeisen. Durch nichts lässt sie sich in ihrem Genuss stören, auch nicht durch deine Blicke.

Die Torte – oder das, was noch davon übrig ist – sieht aber wirklich verführerisch aus. Kein Brösel bleibt schließlich auf dem Teller übrig. Nach dem letzten Bissen strahlt die Dame rundum Zufriedenheit aus, fast wirkt sie beglückt. Ob sie ein Leichter-leben-Rezept hat? Sollst du sie darum fragen?

Sie weiß, dass du ihr beim Essen zugesehen hast. Jetzt wendet sie sich dir zu. »Schokolade«, sagt sie lächelnd und betupft mit der Serviette die rot geschminkten Lippen. »Schokolade macht das Leben leichter.« Weiter bei **7**.

7

Du bist sprachlos, nicht aber die Dame am Nebentisch. »Schokolade«, erklärt sie, »gibt mir den positiven Stimmungsschwung. Schokolade bringt Körper und Seele ins

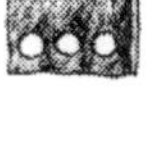

Gleichgewicht, steigert Phantasie und Leidenschaft! In der Schokolade sind Glückssubstanzen!«

Schokolade als Leichter-leben-Rezept? Warum nicht? Du machst dir eine Notiz für die Schülerzeitung. Klingt irgendwie einleuchtend. Auf einen Versuch soll es nicht ankommen. Du entschließt dich es demnächst selbst auszuprobieren. Weiter bei **131**.

8

Du klappst das alte Buch vorsichtig zu und willst es in ein Regal stellen. Aber es passt nicht zu deinen anderen Bänden. Es kommt dir vor, als würde sich *Die Schmiedschaft* dagegen sträuben, hier auf einem Bücherbord abgelegt zu werden. Und schließlich fällt dir etwas Besseres ein. Du nimmst das Buch einfach mit. Irgendwo auf deiner Fahrt wirst du eine Pause machen. Vielleicht wirst du einkehren. Du wirst eine Kleinigkeit zu essen und zu trinken bestellen. Bei dieser Gelegenheit kannst du gleich ein wenig schmökern in dem alten Schinken. Weiter bei **9**.

9

Es ist ganz seltsam mit diesem Buch. Es ist lächerlich und es ist unheimlich: Seit dem Augenblick, da du es aus dem Zeitungspapier geschält hast, lässt es dich nicht mehr los. Eine merkwürdige Unruhe hat dich gepackt. Ständig kreisen deine Gedanken um den Schwarzen Grafen und das alte Buch mit dem ledernen Deckel. Als ob es dir die ganze Zeit zuflüstern würde: »Schlag mich auf! Lies in mir!«

Nach wenigen Kilometern hältst du es nicht mehr aus. Du bleibst stehen, lehnst das Fahrrad gegen einen Baum, hockst dich ins Gras und holst das Buch aus dem Rucksack. Weiter bei **123**.

10

Deine Entscheidung war richtig. Du hast die Gruppe wieder eingeholt, mit der du das Schloss betreten hast. Andächtig lauschen die Fernsehleute den Erklärungen des Hemdsärmeligen. »Leider wurden viele wertvolle Bilder aus dem Rahmen geschnitten und vom früheren Besitzer mitgenommen. Der war nämlich schwer verschuldet«, erzählt er eben. Die Bibliothek macht einen gespenstischen Eindruck. Es ist eine Bücherei ohne Bücher. Das Buch, das du im Zug gefunden hast, würde mit seinem Ledereinband gut hierher passen, denkst du. Wer weiß, vielleicht stand es sogar einmal da, auf einem dieser Regale? Weiter bei **89**.

11

Du kommst in eine kleine Sakristei. Du siehst die alten Schränke, in denen sich einmal die Messgewänder befanden – aber keine Grabtafel, kein Stein, kein Hinweis, dass Töpper hier bestattet wurde. Du verlässt den Raum wieder durch dieselbe Tür, durch die du ihn betreten hast – ein wenig enttäuscht und ein wenig erleichtert. Weiter bei **92**.

12

Du denkst, dass es wenig bringt den Raum hinter der niedrigen Tür zu betreten. Vielleicht ist es ein Abstellraum oder Ähnliches. Jedenfalls versprichst du dir nichts davon und kehrst zu Abschnitt **96** zurück.

13

Sitzt der Korken fest auf der Flasche? Gib Acht, dass du nichts von der teuren Flüssigkeit verschüttest. Warum möchtest du sie eigentlich nicht ausprobieren? Die Haut in deinem Nacken juckt und brennt. Aber es ist deine Entscheidung. Wann immer du willst, kannst du auf deiner Fahrt die Flasche öffnen – vorausgesetzt, du hast sie gekauft! Dann musst du bei Abschnitt **119** weiterlesen.

14

Du denkst, dass du dein Geld besser für etwas anderes verwenden kannst. Weiter bei **15**.

15

Du verlässt das *Buddhistische Zentrum.* Wenn die Auskunft der kleinen Wirtstochter stimmt, wenn das Gebäude auf dem Etikett der Weinflasche ein Hammerwerk in

Gaming darstellt, dann musst du nach Gaming. Du bist entschlossen jedem Hinweis nachzugehen, auch dem geringsten.

Ein schöner Radweg führt neben der Bundesstraße Richtung Gaming. Bald hast du den lang gestreckten Ort erreicht, der in einem Talkessel liegt, umgeben von hohen Waldbergen.

Du kommst an der prächtigen Kartause vorbei, einer riesigen Klosteranlage. Der Park lädt mit seinen gelb-rot bemalten Bänken zum Ausruhen ein. Im Vorbeifahren siehst du, dass ein Landstreicher die Einladung angenommen hat. Er liegt auf einer Bank im Schatten und schläft. Als Kopfpolster dient ihm ein alter Koffer. Weiter bei **16**.

16

Als du das Hammerwerk nicht gleich entdeckst, drehst du bei der Pfarrkirche um und fährst ein Stück wieder zurück. Neben einem kleinen Fachmarkt für Eisenwaren findest du schließlich im Schatten dreier Linden das alte Hammerwerk. Die Tür ist abgeschlossen. Du klopfst, aber niemand öffnet. Wahrscheinlich hättest du dich anmelden sollen.

Suchend gehst du um das Gebäude herum. Im Garten entdeckst du ein riesiges Mühlrad, das sich langsam zu drehen beginnt, als Wasser aus einer hölzernen Rinne auf seine Schaufeln plätschert. Neben der ersten Tür bemerkst du noch eine zweite, eine einfache Holztür. Auch sie ist geschlossen – aber nicht versperrt. Willst du sie öffnen?

Ja? Weiter bei **17**.

Nein? Weiter bei **18**.

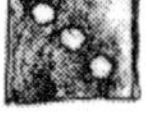

17

Du kommst in einen Raum, der auf den ersten Blick nichts Besonderes bietet. Anscheinend wird er als Abstellplatz benützt. Zwei neue Mischmaschinen und einige Fahrräder stehen da, nichts weiter. Vom Schwarzen Grafen natürlich keine Spur. Schon willst du umkehren. Da entdeckst du plötzlich einen Schlitz in der Wand. Du trittst näher und kannst durch die Öffnung in das eigentliche Hammerwerk sehen. Nackte Glühbirnen baumeln vom Gebälk des grob gezimmerten Dachstuhls. An einem Holzbalken hängen verschiedene Zangen in allen Größen, Zangen, die einst das glühende Eisen aus dem Feuer holten.

Das Summen einer Turbine verrät, dass der kleine Werkskanal noch heute zur Stromerzeugung verwendet wird.

Alles ist friedlich, niemand eingesperrt. Keiner sitzt hier fest. Wie hätte die Flasche auch in die Ybbs kommen sollen, wenn sie hier in den *Pockau-Bach* geworfen worden wäre? Dieser Bach fließt in die Erlauf – oder *Erlaf*, wie sie in deinem alten Buch genannt wird. Weiter bei **18**.

18

Noch einmal holst du das Etikett der Weinflasche aus deinem Rucksack. Noch einmal betrachtest du es genau, vergleichst. Nein, dieses Hammerwerk hier in Gaming sieht anders aus! Noch einmal versuchst du den Schriftzug zu entziffern. Und siehe da, es gelingt! *Fahrngruber-Hammer* buchstabierst du mühsam, *Ybbsitz.*

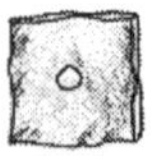

Du sollst nach Ybbsitz? Das ist eine weite Fahrt. Und welchen Weg sollst du nehmen? Jetzt ist guter Rat teuer. Du stehst vor einer schwierigen Entscheidung. Weiter bei **19**.

19

Aber du gehörst nicht zu denen, die den Kopf gleich hängen lassen. Sonst hättest du dich auf dieses wahnwitzige Unternehmen nie eingelassen. Du denkst an den Schwarzen Grafen, der womöglich noch immer irgendwo festsitzt und auf Hilfe wartet. Du denkst an das Leichterleben-Rezept, das dir vielleicht schon bald Erfolg und Reichtum beschert – und schon bist du wieder auf den Beinen. Weiter bei **20**.

20

Dein Hinterteil ist bereits wund gescheuert vom langen Sitzen; es sind weite Strecken, die du auf deinem Fahrrad zurückgelegt hast. Du weißt nicht, ob dieses Sonnenöl, das du (vielleicht) in Neustift gekauft hast, auch bei solchen Verletzungen hilft. Du hast dich entschlossen ein Stück mit der Eisenbahn zu fahren. Und dafür gibt es zwei Möglichkeiten:

Entweder du machst einen großen Umweg, besteigst im Bahnhof Kienberg-Gaming samt deinem Rad den Zug nach Pöchlarn, reist mit der Westbahn bis Amstetten und versuchst von dort aus über Waidhofen nach Ybbsitz zu gelangen. Das ist zweifellos der bequemere Weg, kostet dich aber mehr Zeit und Geld. Weiter bei **21**.

Oder du quälst dich noch einmal, versuchst mit dem Fahrrad den gefürchteten *Grub-Berg* zu überwinden, um nach Lunz zu kommen. Dort kühlst du dein wundes Hinterteil im Lunzer See und steigst dann in die romantische Ybbstalbahn ein, in den berühmten Schafskäs-Express, wie er auch genannt wird, der dich nach Ybbsitz bringt. Dieser Weg kostet dich sicher mehr Schweiß, aber weniger Zeit und Geld. Weiter bei **28**.

21

Die wenigen Kilometer bis zum Bahnhof Kienberg-Gaming schaffst du gerade noch. Du hast dich entschieden den Zug um 14.54 Uhr zu nehmen. Der transportiert Radfahrer und Fahrräder. Leider übersiehst du, dass dieser Zug nur an Sonn- und Feiertagen fährt. Also heißt es

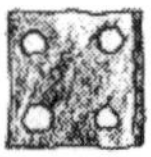

warten. Du kommst erst um 16.22 Uhr weg. Um 17.30 Uhr hast du den Bahnhof Pöchlarn erreicht. Der Zug hat für die 38 Kilometer lange Strecke mehr als eine Stunde benötigt. Weiter bei **22**.

22

Neunzehn Minuten später verlässt mit dir ein Eilzug Pöchlarn Richtung Amstetten. Sieben Minuten nach sechs erreicht er den Bahnhof Amstetten. Du hast Glück! Drei Minuten nach deiner Ankunft fährt ein Eilzug nach Kleinreifling. Gerade noch Zeit zum Umsteigen. (Mit diesem Zug bist du übrigens schon einmal gefahren! Kannst du dich nicht mehr erinnern? Du kannst im Abschnitt **1** nachlesen, wenn du möchtest.)

Zwanzig Minuten vor sieben kommst du in Waidhofen an. Auf dem Platz vor dem Bahnhofsgebäude wartet schon der neue Schmalspur-Triebwagen, der dich nach Ybbsitz bringen soll. Auch er nimmt gern Passagiere mit Fahrrädern auf. Weiter bei **23**.

23

Noch bist du nicht am Ziel. Im kleinen Ort Gstadt musst du umsteigen, wenn du nach Ybbsitz fahren willst. Wenn du aber nicht umsteigst, kommst du nach Lunz am See. Auch Lunz ist sehenswert. Auch Lunz hatte einen berühmten Schwarzen Grafen. Entscheide dich rasch! Denn der Schaffner will gern wissen, wohin du eigentlich fahren möchtest – nach Lunz (weiter bei **24**) oder nach Ybbsitz? (weiter bei **31**)

24

Als der Schmalspur-Triebwagen den Bahnhof Opponitz erreicht, fasst du spontan einen Entschluss: Du verlässt samt Fahrrad den Zug! Der erstaunte Schaffner schreibt dir noch rasch einen Vermerk auf deinen Fahrschein.

In Opponitz soll es ein sehenswertes Hammerwerk geben, den *Hammer am Bach*! Noch ist es hell genug für eine Besichtigung. Weiter bei **25**.

25

Die hölzerne Tür, die in das Hammerwerk führt, ist verschlossen. Suchend blickst du dich um. Am Steg über dem Fluder, dem kleinen Werkskanal, entdeckst du schließlich einen Zettel. Eine verblasste Schrift verkündet: *Anmeldung im Haus.* Vor dir steht ein stolzes zweistöckiges Herrenhaus; es muss einmal sehr schön gewesen sein. Du betrittst die stattliche Einfahrt, gehst durch einen gewölbten Gang und erreichst die Rückseite des Hauses. Hier fällt dir ein sonderbarer, fast kreisrunder Teich ins Auge. Zwei kleine Kinder planschen auf einem Gummikrokodil im Wasser. War das einmal die Pferdeschwemme des Hammerherrn, in der die staubbedeckten Rösser gesäubert wurden? Weiter bei **26**.

26

Schließlich kommt eine ältere Frau daher. Freundlich erklärt sie sich bereit den alten *Sichelhammer* aufzusper-

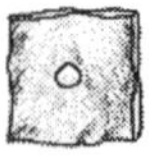

ren. Ja, sie schließt nicht nur die Tür zum Hammerwerk auf, sie setzt für dich sogar die alten Maschinen in Bewegung. Meterlange Riemen übertragen die Kraft auf mächtige Achsen. Plötzlich ist das ganze Werk voller Leben – es rattert und rollt. Hämmer stampfen und dröhnen; das Einzige, was fehlt, sind die Sichelschmiede. Es sieht alles so aus, als wären sie nur kurz weggegangen: Ihre Hocker stehen noch da und ihre kleinen Öfen, die sie im Winter anheizten, um sich den kalten Rücken zu wärmen, während ihnen auf der Stirn der Schweiß stand von der Hitze der Essen.

An der Wand ein Schaubild, das zeigt, wie viele Schritte es braucht, bis aus einem Stück Eisen eine Sichel wird. Sicheln in den verschiedensten Formen hängen an der Mauer, manche sehen richtig zum Fürchten aus, fast wie Waffen, wie Macheten – ganz so, wie es die Auftraggeber wünschten: Die Türken wollten andere Sicheln als die Slowaken, die Ungarn andere als die Bauern in Böhmen.

Auf einem Amboss liegen zwei alte Hämmer, die Stiele seltsam zerdrückt, wie gequetscht, als hätte ein Riese oder Zauberer sie benützt. Die Faust des Schmiedes hat sich in das Holz eingeprägt, hat die Griffe in lebenslanger Arbeit richtiggehend verformt. Weiter bei **27**.

27

Benommen trittst du wieder ins Freie, blinzelst ins Licht der Abendsonne. Auf der anderen Seite der Straße empfängt dich ein kunstvoll geschmiedetes Gittertor. Dahinter liegt ein seltsamer Garten wie im Dornröschenschlaf. An manchen Stellen ist er noch von brüchigen Mauern

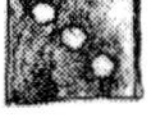

umgeben. Obwohl er ein wenig verwildert wirkt – du magst solche Märchengärten –, merkt man: Der Hammerherr, der diesen Garten einst anlegen ließ, muss eine Menge Geld ausgegeben haben.

Genau in der Mitte stehst du auf einmal vor einer kreisrunden Zisterne, eingefasst von einem schmiedeeisernen Gitter. Deine Führerin blickt kurz in das trübe Wasser. Was wird jetzt passieren? Wird gleich der Froschkönig auftauchen mit dem goldenen Ball? Oder der Schwarze Graf mit dem Wunderrezept?

Irgendwie erinnert dich alles an einen verwunschenen Friedhof und der alte Pavillon könnte ein Mausoleum sein, eine vergessene Familiengruft, in der die versunkene Welt der Hammerherren darauf wartet, wieder zum Leben erweckt zu werden. Weiter bei **111**.

28

Auf Schritt und Tritt begegnest du der Vergangenheit. Am Fuß des *Grub-Berges* entdeckst du Mauerreste. Es handelt sich um die Ruine einer Hackenschmiede, wie dein kluges altes Buch verrät. Noch kommst du gut voran, aber mit jedem Kilometer wird die Fahrt anstrengender. Schließlich steigst du ab und schiebst dein Fahrrad vor dich her. Wie immer machst du dir deine Gedanken. Wieder einmal kreisen sie um den Schwarzen Grafen. Wer weiß, vielleicht warst du in deinem früheren Leben ein Nadler, ein Messerer oder ein Panzerstricker?

Wie mühsam muss diese Strecke für die eisenbeladenen Fuhrwerke gewesen sein! Wie viel Pferde- und Ochsenschweiß hat dieser Boden schon aufgesaugt! Wie viel Peitschengeknall und wie viele derbe Flüche hat dieser

Berg wohl schon gehört! Heute ist die Straße schön ausgebaut, führt in sanften Kurven bergan, ist aber immer noch steil genug.

Endlich hast du die Passhöhe erreicht. Zu deiner Linken erblickst du ein Wirtshaus. Du könntest fast beschwören, dass es eine lange Vergangenheit als Schenke oder Herberge hinter sich hat.

Jetzt aber schwingst du dich wieder in den Sattel, polsterst ihn vorbeugend mit einer dicken Zeitung aus und saust zu Tal. Nach wenigen Minuten hast du den alten Eisenstraßenort Lunz erreicht. Weiter bei **29**.

29

Eigentlich möchtest du dir Lunz gern ansehen, vor allem das Heimatmuseum, das im berühmten *Amonhaus* untergebracht ist. Aber als du den Fahrplan auf dem Bahnhof studierst, stellst du fest, dass du deine Besichtigung auf einen anderen Tag verschieben musst. Der nächste Zug der Schmalspurbahn, der auch Fahrräder mitnimmt, verlässt Lunz in wenigen Minuten. Aber du hast dir fest vorgenommen wieder hierher zu kommen. Den Lunzer See, einen der saubersten Badeseen Europas, mit seinem Forschungsinstitut willst du dir auf keinen Fall entgehen lassen. Rasch steigst du ein und freust dich schon auf die Fahrt mit der berühmten Ybbstalbahn. Weiter bei **30**.

30

Du hast es dir im Buffet-Wagen bequem gemacht und vermutest, dass du auf eine Art Leichter-leben-Rezept gekommen bist. Auf eisernen Schienen lernst du heute

die *Eisenstraße* kennen. An dir zieht eine anmutige Gegend vorbei.

Hier könntest du fast zum Dichter werden oder zum Komponisten von Heimatliedern. Berge, Wiesen und Wälder grüßen zum Fenster herein. Mit 50 Kilometern pro Stunde wirst du hier durch eine prachtvolle Landschaft geschaukelt.

Göstling, St. Georgen, Hollenstein bleiben im weiten Talbecken zurück, alles einst wichtige Orte zur Zeit der Schwarzen Grafen. Immer wieder siehst du steinerne Zeugen der Vergangenheit am Ufer der smaragdgrünen Ybbs. Weiter bei **24**.

31

Der Zug ist pünktlich. Noch ist es taghell, als du den alten Markt am Zusammenfluss des *Prollingbaches* und der *Schwarzen Ois* erreichst. Du schwingst dich auf dein Rad und unternimmst eine kurze Rundfahrt durch Ybbsitz. Vielleicht kannst du irgendwelche Beobachtungen machen, die dir weiterhelfen.

Tatsächlich, in einem Vorgarten entdeckst du zwei seltene Vögel. Du weißt inzwischen, wie wichtig es ist die Augen offen zu halten. Eines der Tiere sieht aus wie ein Flamingo oder ein Reiher, das zweite ist etwas kleiner und beide bestehen – aus rostigen Eisenteilen. Die Schwanzfedern sind alte Sensenblätter. Was für eine merkwürdige Gegend! Es sieht aus, als ob auch die Künstler dieser Gegend ihre Werke aus Eisen schaffen. Weiter bei **32**.

32

Dein Magen knurrt. Hunger und Durst machen sich wieder bemerkbar. Du wirfst einen Blick in deine Geldbörse. Noch bist du gut bei Kasse, besser als erwartet – eine angenehme Überraschung. Daher fasst du den Entschluss dich ausgiebig zu stärken bei einem heimischen Wirt. Wer weiß, welche Abenteuer hier, in der *uralten kayserlichen Werkstatt*, wie Ybbsitz früher oft genannt wurde, auf dich warten. Weiter bei **33**.

33

Du betrittst ein Gasthaus, suchst einen Platz, bestellst dir ein Glas Most und lässt dir die Speisekarte reichen. Merkwürdige, deftige Gerichte werden hier angeboten, Gerichte, die du noch nie gegessen hast. Die Kellnerin verrät dir, dass es sich um alte, überlieferte Rezepte handelt. Alte, überlieferte Rezepte! Bei diesem Wort läuft es dir heiß und kalt über den Rücken. Bist du deinem Ziel vielleicht schon nahe? In dieser Gegend scheint man etwas für Rezepte übrig zu haben.

Was willst du bestellen? Eine *Knofel-Rahmsuppe*? Einen *Sauerkrautstrudel*? Ein *Hammerherren-Bratl*? Oder ein anderes typisches Gericht von der Eisenstraße? Weiter bei **37**.

34

Du versuchst das Schildchen mit der Aufschrift *Eisenstraßenwein* von der Flasche zu ziehen. Es lässt sich leicht ablösen. Du legst es in die Sonne zum Trocknen.

Aber interessanter als das Etikett auf der Flasche ist ja wohl der Inhalt. Wird sich eine Botschaft auf dem Papier finden?

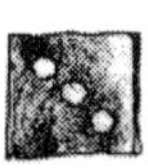

Ist es eine echte Flaschenpost, die du aus dem Fluss gefischt hast? Oder ein Jux? Und wie an das Papier kommen? Vielleicht ist es eine Kinokarte? Ein Gutschein für eine Pizza? Vielleicht sucht jemand per Flaschenpost Brieffreunde?

Du drehst die Flasche um und schüttelst sie. Eine Pinzette wäre jetzt nützlich, aber leider hast du keine bei dir. Trotzdem, so schnell gibst du nicht auf, du nicht. Mit Geduld versuchst du das Röllchen herauszubekommen. Wirst du es schaffen?

Würfeln!

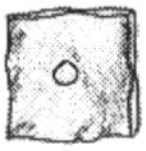 oder 

Du bist – wie erwartet – sehr geschickt. Beim dritten Versuch gelingt es dir das zusammengerollte Papier durch den engen Flaschenhals zu bugsieren. Jetzt hältst du es in deiner Hand. Weiter bei **36**.

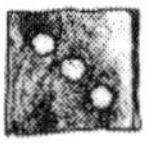 oder 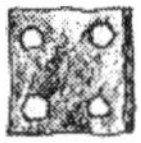

Leider hat sich das Papierröllchen in der Flasche quer gelegt. Aber du bist nicht auf den Kopf gefallen. Mit deiner Fahrradpumpe bläst du Luft in die Flasche, bis das kleine Stück Papier richtig liegt, sodass du es schließlich aus dem engen Flaschenhals ziehen kannst. Weiter bei **36.**

 oder 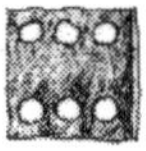

Du schaffst es nicht das Röllchen aus der Flasche zu

schütteln. Du schaust dich nach einem Hilfsmittel um, versuchst es mit einem langen Grashalm, dann mit einem Zweig von einer Weide, zuletzt mit einer Schlinge aus Blumendraht – vergeblich: Die Flasche gibt ihr Geheimnis nicht preis. Willst du die Flasche zerschlagen? Weiter bei **35**.

35

Du versuchst mit einem faustgroßen Kieselstein den Flaschenhals abzuschlagen. Aber – das war wohl die falsche Entscheidung. Was fällt dir ein! Wie konntest du nur! Hier in dieser schönen Badebucht eine Flasche zu zertrümmern! Hast du denn gar kein Umweltgewissen? Glassplitter könnten am Strand zurückbleiben und andere Leute gefährden. Schon tauchen mehrere Badegäste auf. Das Klirren des Glases hat sie alarmiert. Vorsicht, du bekommst gleich Ärger! Vielleicht solltest du lieber noch einmal zum Würfel (oder Daumenkino) greifen und versuchen eine Eins, Zwei, Drei oder Vier zu würfeln . . .

Zwei Männer stellen dich zur Rede. Böse Worte fallen. Mit Mühe gelingt es dir dich herauszureden. Du greifst zu einer Notlüge, behauptest, die Flasche sei dir aus der Hand gerutscht. Verflixt, jetzt heißt es alle Scherben einsammeln und bis zum nächsten Altglascontainer mitnehmen . . . Natürlich ist hier weit und breit keiner in Sicht. Immerhin hast du die Botschaft, oder? Wo ist es eigentlich hingekommen, das Papierröllchen? Du greifst in deine Hosentasche und spürst es zwischen deinen Fingern. Gut. Vor diesen Leuten hier willst du es nicht aufrollen. Weiter bei **36**.

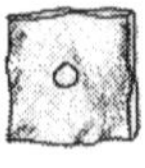

36

Aber wer weiß, vielleicht steht auf dem Papier gar nichts oder nur irgendein Unsinn geschrieben und jemand treibt seinen Spaß mit dir . . . Weiter bei **45**.

37

Du hast dich schon zweimal durch die ganze Speisekarte gelesen, aber die Wahl fällt dir schwer. Als du dich unbeobachtet fühlst, ziehst du einen Würfel aus der Tasche und lässt ihn für dich entscheiden. Also: würfeln (oder Daumenkino)!

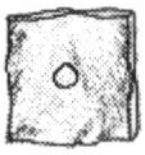 oder 

Du bestellst *Blunzenknödel auf Mostkraut*. Zweifellos hast du eine gute Wahl getroffen. Als die Knödel nach etwa zwanzig Minuten serviert werden, bestaunst du ihre Form. Perfekt! Noch nie hast du rundere Knödel gesehen als diese hier. Aber das braucht dich nicht zu wundern. Schon im 13. Jahrhundert wurden in Ybbsitz Wurfgeschosse erzeugt. Weiter bei **38**.

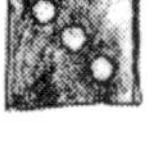 oder 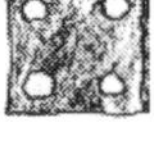

Du entscheidest dich für die *Sensenschmied-Rouladen*? Warum nicht? Hoffentlich sind sie nicht so scharf wie die

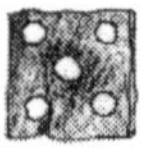

Sensen, die in dieser Gegend erzeugt wurden . . . Weiter bei **38**.

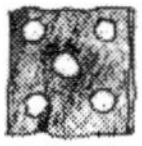 oder 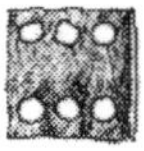

Du wählst das *Gröstel aus der Raueisenzeit*. Zur Vorsicht erkundigst du dich bei der Kellnerin. Eine Verdauungsstörung ist das Letzte, was du auf deiner heiklen Mission brauchen kannst. Aber die Kellnerin beruhigt dich. Nur das Rezept stammt aus dem 18. Jahrhundert, nicht die Zutaten. Bauchfleisch, Erdäpfel und die Gewürze sind frisch, kommen von heimischen Bauern und aus heimischen Gärten. Weiter bei **38**.

38

Das Essen hat großartig geschmeckt. Du fühlst dich gestärkt und mehr als gesättigt. Bald findest du ein Quartier. Morgen wirst du deine Nachforschungen fortsetzen. Und du hast das untrügliche Gefühl, dass du hier, in Ybbsitz, irgendetwas von Bedeutung entdecken wirst. Weiter bei **39**.

39

Das Rad hast du heute stehen lassen. Du bist zu Fuß unterwegs, wanderst leicht bergauf, immer den *Prollingbach* entlang.

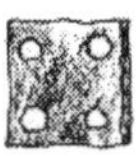

Es ist ein prächtiger Sommermorgen. Forellen flitzen durch das saubere Wasser. Zwei Enten schnattern am Ufer und in der Nähe vernimmst du das Pochen von Schmiedehämmern. An einer Stelle ist der Bach aufgestaut und springt als Wasserfall über die Steine. Wenn du die Augen schließt, könntest du meinen eine Reise ins vorige Jahrhundert unternommen zu haben.

Gerade rechtzeitig öffnest du die Augen wieder – zwei Mountainbiker sausen haarscharf an dir vorüber und holen dich zurück in die Gegenwart. Es gibt anscheinend schon eine Menge Radfahrer, die die *Eisenwurzen* für sich entdeckt haben. Weiter bei **40**.

40

Du gehst dem Hämmern nach, überquerst eine Brücke und stehst vor einem Tor, das in eine offene Werkshalle führt. Willst du hineingehen?

Ja? Weiter bei **41**.

Nein? Weiter bei **42**.

41

Furchtlos betrittst du die Werkshalle. Über dem Tor kannst du die Aufschrift *Sonneck Werk 4* lesen. Deine Augen brauchen eine Zeit lang, bis sie sich an die Dunkelheit gewöhnt haben.

Hinter dem Amboss erkennst du einen Mann. Du musterst ihn genau. Er hat schwarze Haare, schwarze Bartstoppeln, dunkle Augen. Ist das vielleicht der geheimnisumwitterte Schwarze Graf? Hat er sich mit einer einfachen Schlosserhose getarnt? In seinem linken Ohr steckt ein Stück Watte. Nein, seine Haare sind für einen Grafen zu kurz. Die Ermittlungen gestalten sich schwierig, sehr schwierig!

Ein fingerdickes glühendes Stahlstück läuft unter einem Hammer durch und wird breit geschlagen. Immer wieder saust der Hammer auf und nieder, einmal schneller, dann langsamer. Er wird nicht mehr vom Wasser angetrieben, sondern vom elektrischen Strom. Aber sonst hat sich hier während der letzten hundertfünfzig Jahre wohl nicht allzu viel verändert.

»Was wird das?«, fragst du, inzwischen Reporter mit Leib und Seele, und deutest auf das Stahlstück.

»Wir probieren was Neues aus. Aber was es ist, darf ich nicht verraten, hat der Chef gesagt.« Was für eine geheimnisvolle Gegend!

In das dumpfe Pochen des großen Hammers mischt sich jetzt helles Klopfen. Du erblickst noch einen zweiten Arbeiter. Er glättet mit einem kleinen Hammer den Rand einer Haue. Dann klopft er die Schlagmarke, das Firmenzeichen, in das Metall. Es ist eine Haue, wie man sie zum Unkrautjäten verwendet. Viele Werkstücke liegen schon in einem Korb.

»Bin ich hier richtig im *Fahrngruber-Hammer*?«

Nein, das bist du nicht! Du bist gar nicht in dem Hammerwerk, das auf dem Etikett der Weinflasche zu sehen ist! »Noch hundert Meter!«

Du bedankst dich für die freundliche Auskunft. Die zwei Arbeiter werken weiter, ohne Hast, aber mit

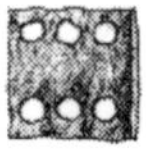

Ausdauer. Das musst du dir merken. Vielleicht verhilft diese Lebensweise auch zu einem leichteren Leben? Weiter bei **42**.

Der Fahrngruber-Hammer

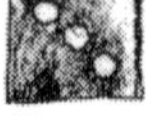

42

Nach hundert Metern hast du endlich die berühmte Hackenschmiede erreicht. Ja, das ist sie, die auf dem Weinflaschen-Etikett! Natürlich steht sie neben dem Bach, dessen Wasser die Maschinen einmal angetrieben hat.

In einer Nische des dreieckigen Giebels wacht Sankt Florian, der Schutzpatron der Schmiede. Neugierig schaut er auf dich herab.

Auf der anderen Seite erblickst du ein wunderschönes altes Hammerherrenhaus. Blumen blühen an allen Fenstern. Du trittst ein und erkundigst dich, ob und wann man eine Führung durch die Hackenschmiede bestellen könne. Weiter bei **43**.

43

Dass du im Auftrag einer Schülerzeitung unterwegs bist und eine Reportage machen willst, kommt dir entgegen. Schüler und Schulklassen sind hier immer gern gesehen – gegen Voranmeldung, versteht sich. Bereitwillig erscheint einer der beiden Schmiede, um dich durch das Werk zu führen. Weiter bei **44**.

44

Im Kohlbarren steht eine Siebmaschine und ein schmiedeeiserner Verkohlungsofen. Er ist riesengroß, besteht aus mehreren Eisenringen und einem Deckel. Der

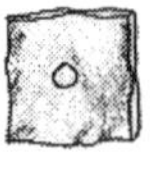

Schmied erzählt, dass man ihn zerlegen konnte und jeweils dort aufbaute, wo man ihn gerade brauchte. Eigentlich ein gutes Versteck! Willst du eine Leiter erklettern, um von oben in den Ofen schauen zu können? Wer weiß, vielleicht hält sich der Schwarze Graf hier verborgen. Vielleicht sitzt er rußgeschwärzt in einer alten Esse oder in dieser Kohlenmaschine und hat sich deswegen den Namen Schwarzer Graf zugelegt . . .

Ja, du möchtest auf die Leiter steigen. Du lässt nichts unversucht den Schwarzen Grafen zu finden. Weiter bei **48**.

Nein, davon versprichst du dir nichts. Weiter bei **49**.

45

Geschafft, endlich kannst du das Papier entfalten. Der Rand ist ausgefranst, unregelmäßig und gelb-braun verfärbt. Der Zettel sieht aus, als wäre er aus einem größeren Stück Papier herausgerissen worden. Die Buchstaben sind groß und unregelmäßig, wie von einem Kurzsichtigen ohne Brille geschrieben. Du liest – und dein Mund bleibt offen vor Überraschung. Wieder und wieder buchstabierst du den Text. Nein, das ist kaum zu glauben!

Du bist sprachlos. So spannend kann das Leben sein! Hinter dieser Flaschenpost steckt mehr als ein dummer Scherz, das glaubst du zu spüren. Du witterst ein Geheimnis. Wenn du die Botschaft richtig verstehst, dann hat jemand ein Rezept entdeckt, ein Wissenschaftler vielleicht, ein Professor, ein Koch, ein Menschenfreund jedenfalls: ein Rezept das Leben leichter zu machen. Aber wie es aussieht, haben Verbrecher davon Wind bekommen. Haben sie den Mann (oder ist es eine Frau?) gekid-

HILFE!
DAS REZEPT
FÜR EIN
LEICHTES LEBEN
IST
WEG
UND
ICH
SITZE
FEST!
DER SCHWARZE GRAF

ZEN
SAGT,
ALLES FÄLLT.
LÜG
AFFE
AUF
RIBISEL
WAHRES
WUNDER

nappt? Ist er (oder sie) in der Gewalt dieser Gauner? Die halten ihr Opfer anscheinend fest, vermutlich hier – irgendwo in dieser Gegend, haben ihm das famose Rezept abgeluchst. Ein Fall von Erpressung vermutlich.

Weiter bei **46**.

46

Aber wie sollst du vorgehen? Wo willst du anfangen? Was sollst du tun? Dein Kopf beginnt zu arbeiten. Hier, in den *Eisenwurzen*, eine versteckte Person aufspüren? Das bedeutet, die sprichwörtliche Nadel in einem Heuhaufen suchen. Hier gibt es Hunderte von Möglichkeiten und Verstecken, um jemanden festzuhalten. Der Südwesten Niederösterreichs ist dünn besiedelt. Aufgelassene Bergwerksstollen, verfallene Hammerwerke, Burgruinen, Steinbrüche, verlassene Bauernhöfe . . .

Nachdenklich drehst du das Papier wieder zu einem Röllchen zusammen. Da fällt dir auf, dass auch die Rückseite beschriftet ist. Richtig! Warum hast du das erst jetzt bemerkt?

Was soll das nun wieder heißen? Ist das der zweite Teil der Botschaft? Ist er verschlüsselt? Wie soll man aus diesem verstümmelten Satz schlau werden? Vielleicht hatte der Verfasser keinen Stift zur Hand und musste sich auf diese Weise helfen.

Diese Suche nach dem Absender der Flaschenpost wird kein Honiglecken! Aber schwierige Aufgaben haben dich schon immer gereizt. Nimmst du die Herausforderungen an? Ja?

Weiter bei **47**.

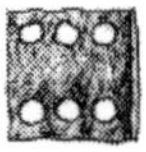

Nichts überstürzen! Zunächst brauchst du einen Plan. Ja, du wirst dir einen Plan zurechtlegen. Nach diesem Plan wirst du vorgehen. Auf einem Zettel notierst du ein paar Fragen:

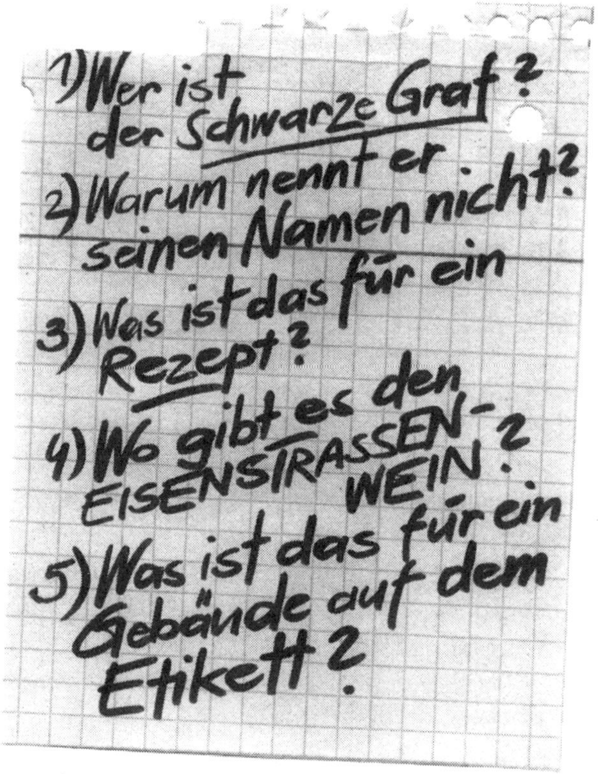

Am meisten beschäftigt dich dieser Name: Schwarzer Graf. Er ist dir nicht ganz fremd. Du glaubst, dass du ihn schon irgendwann einmal gehört hast, vielleicht in der

Schule, vor ein paar Jahren. Aber du kannst nichts damit anfangen, kannst nichts damit verbinden. Schwarzer Graf – schön schaurig. Erinnert irgendwie an Schwarze Messen, an Teufelsbeschwörungen, an Hexen und an Graf Dracula . . . Du musst einfach versuchen etwas über den Schwarzen Grafen herauszukriegen. Weiter bei 54.

48

Der Einblick von oben in den Verkohlungsofen ist interessant. Du siehst, wie sorgfältig die Holzscheite geschlichtet werden mussten. Vom Schwarzen Grafen allerdings ist nicht der kleinste Zipfel zu bemerken. Manchmal kommen dir Zweifel. Jagst du vielleicht einem Phantom nach? Weiter bei **49**.

49

Dann stehst du in der eigentlichen Werkstatt. Auf dem Boden, an den Wänden, an der Decke haftet noch immer der Ruß von Jahrzehnten und Jahrhunderten. Du atmest dieselbe Luft wie die Hammerschmiede anno dazumal. Du bestaunst die Esse, in der das Feuer angefacht wird, und den gewaltigen Blasbalg. Du erblickst unzählige Hacken, die alle einmal in dieser Schmiede hergestellt wurden: Äxte, Fleischerbeile in allen Formen. Riesige Beile, so groß, dass man ganze Schweine und Rinder damit halbieren kann. Angst und bang könnte jedem werden, der nicht so starke Nerven hat wie du.

Der Schmied, der dich führt, und sein Bruder haben den Beruf eigentlich schon an den Nagel gehängt. Aber sie

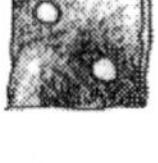

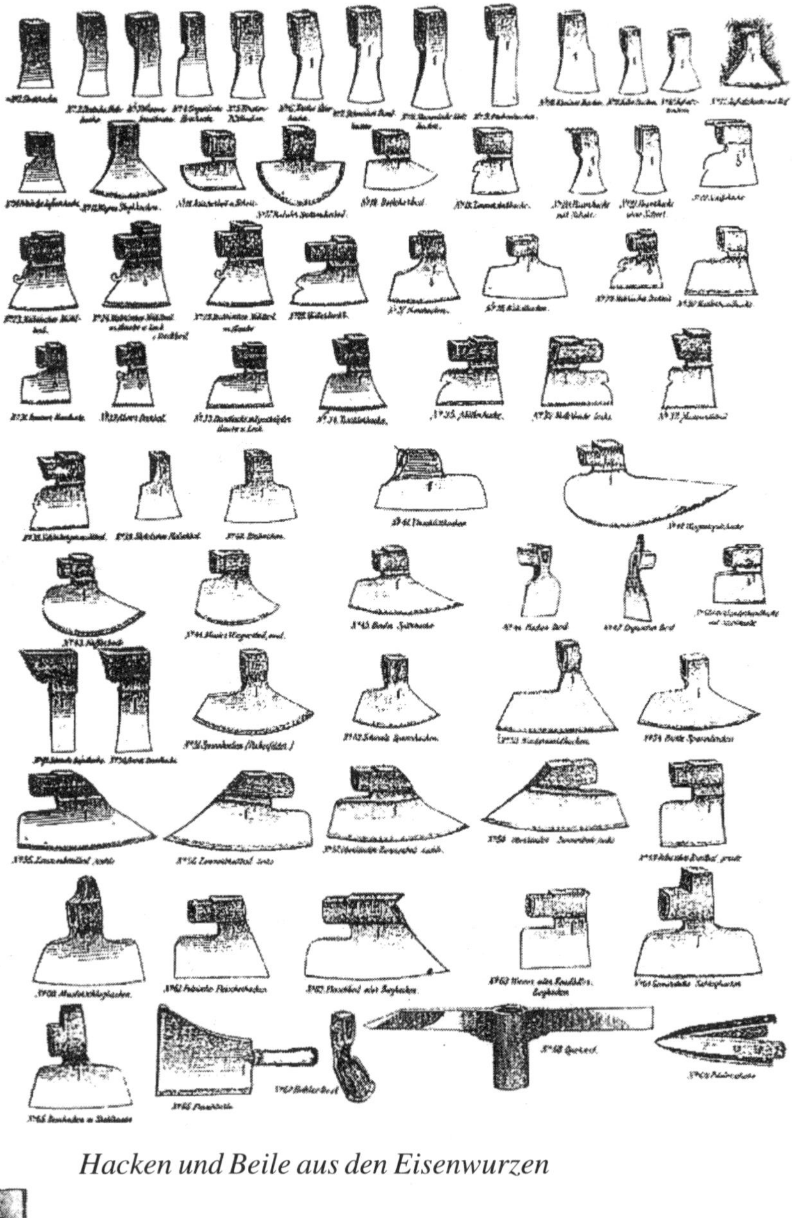

Hacken und Beile aus den Eisenwurzen

veranstalten noch immer Hobbyschmiedekurse, übrigens auch für Damen. Vier mal fünf Stunden dauert so ein Kurs. Dabei lernt man, wie ein Nagel oder ein Schürhaken geschmiedet wird. Besonders Geschickte schaffen sogar ein Stemmeisen. So einen Kurs willst du hier irgendwann einmal besuchen, schwörst du dir. Aber zuvor gibt es eine andere Aufgabe, die du zu Ende bringen musst: Du möchtest unbedingt das Geheimnis der Flaschenpost ergründen . . .
Hinter dem Hammerwerk entdeckst du einen runden Kohlenmeiler und daneben eine winzige Hütte, ganz aus Holz. Du versuchst durch das einzige Fenster zu spähen, kannst aber nichts Genaues entdecken, weil es im Innern zu dunkel ist.

Willst du die Hütte betreten? Ja? Weiter bei **50**. Oder willst du dich nicht mehr länger hier aufhalten? Weiter bei **52**.

50

Die Tür ist nicht verschlossen. Du trittst ein und bückst dich unwillkürlich, so klein und eng ist alles. Die Einrichtung besteht einzig aus einer Pritsche. Darauf liegt noch der Strohsack, auf dem sich die wandernden Köhler ausruhen konnten. Denn sobald ein Kohlenmeiler gloste, gab es kaum mehr Schlaf für sie, erklärt dir der Schmied. Tag und Nacht mussten sie den Meiler im Auge behalten . . .

Suchend lässt du deine Blicke schweifen. Du bemerkst ein paar Wörter, die mit Buntstift an die Holzwand gekritzelt wurden. Es sind Namen von Besuchern, die sich hier verewigen wollten.

Schon willst du die Hütte wieder verlassen, da entdeckst du ein Papierröllchen, nicht größer als eine Zigarette. Schon wieder! Irgendjemand muss es zwischen Pritsche und Holzwand geklemmt haben.

Botschaft Nummer drei?

Nimmst du das Röllchen an dich? Wahrscheinlich schon.

Weiter bei Abschnitt **51**.

51

Du bückst dich, versuchst das Papier glatt zu streichen. Immer wieder rollt es sich ein. Es handelt sich um ein Stück Zeitung. Jemand hat eine Notiz darauf geschrieben.

Mit einiger Mühe entzifferst du Folgendes:

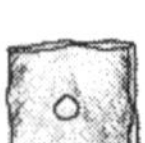

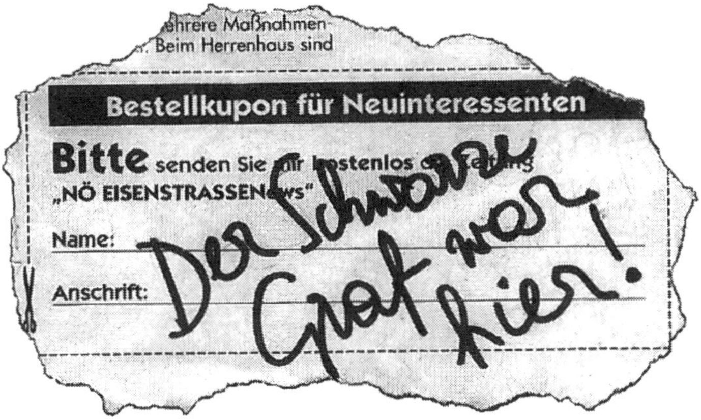

Du weißt nicht recht, ob du die Notiz ernst nehmen sollst. Die Handschrift ist nicht dieselbe wie die auf der Flaschenpost, aber sie gleicht der auf dem Bier-Etikett in der Töpper-Kapelle. Und das Papier ist auf gleiche Weise zusammengerollt wie die Botschaft, die du aus der Ybbs gefischt hast! Wahrscheinlich stammen alle drei Papierstückchen von diesem Kerl, der sich als Schwarzer Graf bezeichnet. Weiter bei **52**.

52

Der Kohlenmeiler hinter dem Hammerwerk bringt dich auf eine neue Idee. »Gibt es hier noch echte Köhler?«

»O ja, es gibt noch einen«, erklärt man dir, »weit hinten, am Ende des Tales.«

Du lässt dir den Weg genau erklären. Für heute ist es wohl schon zu spät. Es dunkelt bereits. Aber morgen willst du zum Köhler. Der Schmied gibt dir noch einen guten Rat. »Du brauchst dich nur nach dem weißen Dampf zu richten, wenn du zum Köhler willst.«

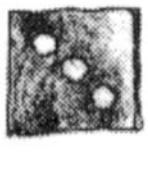

»Weißer Dampf?« Über einem Kohlenmeiler? Kein schwarzer Rauch? Was hat das wieder zu bedeuten?

»Wasserdampf«, erklärt dir der Schmied, »Holz enthält Wasser. Es verdampft, wenn das Holz verkohlt.«

Aha, du hast wieder dazugelernt. Weiter bei **53**.

53

Du schwingst dich auf dein Rad und trittst kräftig in die Pedale. Die Straße steigt an, aber die reizvolle Landschaft lässt dich die Anstrengung kaum spüren. Bald hast du das enge Tal hinter dir gelassen, du bist nicht mehr länger *In der Noth*. Rechter Hand siehst du noch mal ein Hammerwerk am Bach. Mittlerweile erkennst du jeden Schmiedehammer auf den ersten Blick, willst dich hier aber nicht unnötig aufhalten. Du musst dir eingestehen, dass dir das Rezept fast wichtiger geworden ist als dieser Schwarze Graf, der angeblich irgendwo festsitzt. Wer weiß, vielleicht wird er gar nicht festgehalten. Vielleicht ist ihm nur das Geld ausgegangen . . .

Die Landschaft weitet sich. Links von der Straße erblickst du ein kleines Haus, das einmal eine winzige Schule gewesen sein könnte, und radelst weiter. Bald hast du den Talkessel des *Prollingbaches* erreicht. Wenn jetzt eine Burg mit Zinnen und spitzen Türmchen auf einem der Hügel auftauchen sollte, würdest du dich gar nicht wundern, so sehr erinnert die Gegend an eine Märchenlandschaft. Uralte Bergbauernhöfe schmiegen sich an die Hänge; du kommst an Narzissenwiesen vorbei und bald schon wirst du – vielleicht – einem echten Köhler gegenüberstehen. Du fühlst ein wenig Mitleid mit den alten Hammerschmieden, die mitten in diesem herrlichen Landstrich ein Leben lang in ihrer dunklen Werkstatt hockten, um das Eisen zu bearbeiten. Weiter bei **58**.

54

Es ist früher Samstagvormittag in der *Wasservorstadt*. Waidhofen, das Städtchen mit Vergangenheit, wirkt noch verschlafen. Nirgendwo sind Menschen zu sehen.

Du unternimmst einen Spaziergang. Ohne festes Ziel streifst du durch die Straßen der Stadt, um mit deinen Gedanken ins Reine zu kommen.

Du gehst durch eine Kupferschmiedgasse, die so schmal ist, dass du die Hauswände mit ausgestreckten Armen berühren kannst. Wilder Wein rankt an Zäunen und Mauern.

Du folgst einem Fußweg bergan und gelangst zwischen Gärten zu einem Bahnübergang. Seltsam, zwei Schienenstränge laufen hier vorüber, Gleise von normaler Breite und solche einer Schmalspurbahn. Hier, bei den Bahnschranken, hast du einen herrlichen Blick über die Altstadt: Türme, Giebel, Kamine, Dachlandschaften der alten Eisenstadt und im Hintergrund die Berge. Aber es gelingt dir nicht recht die prächtige Aussicht zu genießen. Der Schwarze Graf spukt dir die ganze Zeit im Kopf herum. Wie mag es ihm gehen?

In Gedanken versunken, folgst du den Bahngleisen und kommst in eine typische Wohngegend – Einfamilienhäuser mit Pelargonien vor den Fenstern, blumengeschmück-

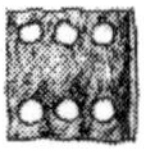

te Balkone, gepflegte Gärten mit frisch gemähten Rasenflächen, blühende Rosen und faule Katzen in den Vorgärten.

Du erblickst eine Frau an einem Gartenzaun. Sie ist nicht mehr ganz jung. Sie trägt Arbeitshandschuhe und hält eine Heckenschere in den Händen. Sie ist eben dabei, ihre Thujenhecke zu stutzen. Weiter bei **55**.

55

Du kennst sie nicht, aber du wirst sie fragen, einfach fragen. Außer ihr ist ja weit und breit kein Mensch zu sehen. Du wirst dich kopfüber in den Strudel der Ereignisse stürzen. Ein Reporter darf sich kein Blatt vor den Mund nehmen. Und wenn du keine Auskunft bekommst, dann erhältst du vielleicht Auskunft, wo du Auskunft erhalten könntest.

Sie sieht gebildet aus. Sie sieht freundlich aus, gar nicht abweisend.

Sie merkt, dass du irgendetwas auf dem Herzen hast.

»Ich komme von der Schülerzeitung«, murmelst du, »und ich hätte gern eine Auskunft.«

Sie legt die Heckenschere weg.

»Was ist ein Schwarzer Graf?«

Über diese Frage ist sie ziemlich erstaunt. Aber du hast es nicht anders erwartet. »Ein Schwarzer Graf?«, wiederholt sie und dir kommt es vor, als müsste sie selbst erst nachdenken. Aber dann erhältst du Antwort. Du hast dir anscheinend die richtige Auskunftsperson ausgesucht.

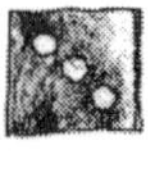

»Schwarze Grafen waren Hammerschmiede in dieser Gegend, die Besitzer von Hammerwerken. Später nannte man auch die reichen Eisenhändler so.«

»Gibt's noch welche?«, willst du wissen. »Kennen Sie einen mit Namen?«

Sie schmunzelt. »Na ja, nicht persönlich. Da ist der Herr von Amon in Lunz. Und Andreas Töpper in Neubruck. Das ist der Letzte, wahrscheinlich auch der Bekannteste.«

»Ich möchte ihn kennen lernen«, sagst du und bist erstaunt über deine eigene Kühnheit.

»Er wird dich nicht empfangen«, sagt die Frau. Ihr Mund bleibt ernst, aber ihre Lachfalten um die Augen verstärken sich. Erlaubt sie sich einen Spaß mit dir?

»Aber ich möchte ein Interview mit ihm machen, für unsere Schülerzeitung.«

»Andreas Töpper gibt keine Interviews.«

»Warum nicht?«

»Er ist tot. Er ist vor mehr als hundertzwanzig Jahren gestorben und wurde damals in seiner Schlosskapelle begraben.« Weiter bei **56**.

56

Du bist sprachlos. Du bist ziemlich verwirrt, aber du willst dir das nicht anmerken lassen. Nach einer Pause fragst du: »Wo?«

»In Neubruck, bei Scheibbs.«

Neubruck, bei Scheibbs. Das musst du dir merken. Du bedankst dich. Und abschließend fragst du: »Sie arbeiten wohl gern im Garten?«

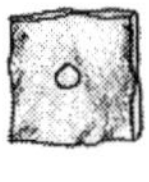

Sie nickt lächelnd. »Das ist mein Leichter-leben-Rezept.«

Leichter-leben-Rezept? Sagte sie wirklich »Leichter-leben-Rezept«? Du spürst, wie du blass um die Nasenspitze wirst.

»Wenn ich Ärger habe, wenn ich Kummer habe, dann gehe ich in den Garten. Ich besuche meine Pflanzen. Ich seh nach, ob sie gewachsen sind, ob es ihnen gut geht, ob sie Wasser brauchen. Manchmal jäte ich das Unkraut. Ich mähe den Rasen. Oder ich schneide die Hecke. Das beschäftigt mich. Das lenkt mich ab. Dann geht's mir gleich besser . . .«

Bäume und Pflanzen als Freunde; ein Garten als Leichter-leben-Rezept? Das solltest du dir merken, denkst du und notierst diesen Tipp in dein Reporter-Heft. Das ist die Idee! Neben deinen Nachforschungen über den Schwarzen Grafen kannst du eine Meinungsumfrage starten: »Haben Sie persönlich ein Rezept für ein leichteres Leben?« Das könnte die Leser deiner Schülerzeitung schon interessieren. Weiter bei **57**.

57

In deinem Kopf geht noch immer alles durcheinander. Der letzte der Schwarzen Grafen ist vor mehr als hundertzwanzig Jahren gestorben? Aber du hast doch eine Botschaft von ihm aufgefangen. Ist die Flasche irgendwo aufgehalten worden, hat sie all die Zeit in einem Staubecken verbracht? Hat sie sich an einem Ast in einem Werkskanal verfangen? Man hört doch immer wieder von

Briefen, die jahrelang unterwegs waren, und dann war der Empfänger manchmal schon tot, wenn der Brief ankam. Ist es gar eine Botschaft aus dem Jenseits, die da den Fluss herunterschwamm? Die Sache ist und bleibt rätselhaft. Weiter bei **70**.

58

Der Weg, den man dir beschrieben hat, erweist sich als richtig. Prüfend ziehst du die Luft durch die Nase. Brandgeruch macht sich bemerkbar, aber nicht stark, nicht unangenehm – und vermischt sich mit dem herben Duft von Most. Du merkst, dass dich die Radfahrt durstig gemacht hat. Weiter bei **59**.

59

Hinter einem schönen Bauernhof siehst du tatsächlich dünne weiße Rauchfahnen aufsteigen. Frohgemut reibst du dir die Hände.

Da hörst du plötzlich Hundegebell. Du wirst stutzig, zögerst. Von einem Hund war keine Rede, der war nicht eingeplant. Ein riesiger Schäferhund stürmt aus dem Bauernhaus und rennt genau auf dich zu. Was tun?

Irgendwo in deinem Rucksack hast du doch ein Merkblatt *Vom richtigen Umgang mit Hunden*. Aber du hast es noch nicht gelesen und der Hund wahrscheinlich auch nicht. Bis du es ausgepackt und studiert hast, hat

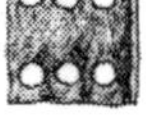

er dir vielleicht schon die Hose zerrissen, wenn nicht mehr.

Suchst du dein Heil in der Flucht? Weiter bei **60**.

Wirfst du dich flach auf den Boden? Weiter bei **62**.

Oder bleibst du und siehst der Gefahr ins Auge? Weiter bei **61**.

60

Der Schäferhund nimmt deine Verfolgung auf. Wie wild trittst du in die Pedale und saust den Weg zurück, den du gerade erst gekommen bist. Aber es gelingt dir nicht einen entscheidenden Vorsprung herauszuholen. Weiter bei **63**.

61

Flüchten? Vor einem Schäferhund? Du doch nicht! Vorsichtshalber bleibst du erst einmal stehen und redest beruhigend auf das grimmige Tier ein. Dein Auftreten macht Eindruck – wie immer. Respektvoll steht ihr einander gegenüber. Keiner von euch weicht einen Schritt zurück, keiner lässt den anderen aus den Augen. Das Problem ist nur: Der Hund hat dir den Weg abgeschnitten – so kommst du nie zum Köhler und zum Kohlenmeiler. Weiter bei **63**.

62

Du drückst dich in den Straßengraben und bleibst dort regungslos liegen. Der Hund kommt herangetrottet, beschnüffelt dich, setzt seine Vorderpfoten auf deine Brust und verbellt dich stolz. Dann fährt seine nasse Zunge über dein Gesicht. Du hast dich schon besser gefühlt! Weiter bei **63**.

63

Da hörst du, wie eine Frauenstimme im Haus nach dem Hund ruft. Der macht kehrt und trottet folgsam ins Haus. Weiter bei **64**.

64

Nachdem auch dieses Hindernis beseitigt ist, kannst du dich endlich dem Köhler widmen. Etwas abseits vom Bauernhof, zwischen riesigen Mengen von Holz, liegt die

Kohlenhalde. Der Geruch von Rauch ist jetzt stärker geworden. Ein Langmeiler schwelt vor sich hin. Und da kommt auch schon der Meister selbst! Im ersten Augenblick erschrickst du fast. So und nicht anders hast du dir immer einen Hexenmeister aus dem Mittelalter vorgestellt. Schmiede und Köhler waren ja nach altem Volksglauben mit Zauberkräften ausgestattet. (Das hast du auch aus dem Buch mit dem ledernen Einband . . .) Lieferten die Köhler doch den Holzkohlenstaub, der, mit Salpeter und Schwefel vermischt, das gefürchtete Schwarzpulver ergab. Weiter bei **65**.

65

Freundlich begrüßt er dich. Du drückst seine schwarze Hand. Ruß und Kohlenstaub überall an seinem Körper, in jeder Falte seiner Haut. Das Hemd, das vielleicht einmal blau war, hat er bis zum Nabel offen. Ein Filzhut sitzt verwegen auf seinem Kopf. Einen Schauspieler in einem Film über das Mittelalter hätte man nicht besser schminken können. Dieser Mann ist . . . nein . . . kein Wesen von einem anderen Stern, aber eins aus einer anderen Zeit. Er ist ein Schwarzer Graf – ja, das ist er, für dich jedenfalls. Aber gewiss nicht der, der die Flaschenpost abschickte. Das ist einer, der stolz ist auf seinen seltsamen Beruf und daraus kein Hehl macht. Die Zähne leuchten aus dem rußigen Gesicht, wenn er spricht – und die Augen. Er erklärt dir seine Arbeit, erzählt von der Güte seiner Holzkohle. Von weit her kämen die Leute, um sich bei

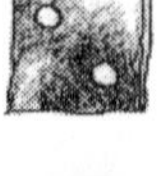

ihm die Kohle zum Grillen zu holen. Dir wird langsam klar: Den musst du nicht um sein Leichter-leben-Rezept fragen, der zeigt es vor. Er liebt seine Arbeit. Das ist alles. Und als ob er deine Gedanken erraten hätte, versichert er dir, dass die meisten Köhler ein hohes Alter erreichen würden, er wisse das von seinem Vater und seinem Großvater.

Du verabschiedest dich, nicht ohne einen kleinen Sack Holzkohle zu kaufen. Mit der echten Holzkohle vom echten Köhler wird deine nächste Grillparty bestimmt ein Erfolg. Doch daran darfst du jetzt gar nicht denken. Noch gibt es zu viele ungelöste Rätsel in dieser Geschichte. Du musst noch einmal nach Waidhofen! Weiter bei **68**.

66

Kurzerhand entschließt du dich dem *Seehammer* in Neustift einen Besuch abzustatten. Auch hier soll einmal einer der Schwarzen Grafen gewohnt haben. Dein Interesse für die versunkene Welt der Schmiede und Hammerherren ist erwacht. Und schuld daran ist vor allem dieses alte Buch. Wo ist es überhaupt hingekommen? Du blickst in deinen Rucksack. Da ist es ja, Gott sei Dank! Es ist merkwürdig. Der Schmöker ist dir irgendwie ans Herz gewachsen, obwohl er dir gar nicht gehört, obwohl du erst einen kleinen Teil davon gelesen hast. Aber je mehr du über diese Zeit erfährst, desto eher wirst du das Rätsel der Flaschenpost lösen. Weiter bei **67**.

67

Zwei Kilometer südlich von Scheibbs zweigst du von der Hauptstraße ab. In deinem Nacken macht sich ein Sonnenbrand bemerkbar. Über eine steile Straße erreichst du bald das alte Hammerherrenhaus. Auf dem Parkplatz für Seminargäste stehen ein paar Autos.

ist weiß auf schwarz in einen länglichen Stein eingeritzt. Was soll das nun wieder heißen? *Buddh. Zentrum*? Buddhisten? Hier, im Herzen des Mostviertels?

Aber vielleicht bist du hier gar nicht falsch? Die Rückseite der Botschaft in der Flasche fällt dir wieder ein. *ZEN SAGT, ALLES FÄLLT*. Zen – hat das nicht mit Buddhismus zu tun? Gibt es hier irgendeinen Zusammenhang?

Die Tür des stattlichen Hauses, das einst dem Hammerherrn gehörte, ist verschlossen. Doch da sind leise Geräusche. Täuschst du dich? Nein, du hörst gedämpfte Stimmen und fernöstliche Musik.

Du wirfst einen Blick durch ein Fenster im Erdgeschoss. Alles, was du erkennen kannst, ist eine Holzstiege mit der Aufschrift *Bitte Schuhe ausziehen.* Dann entdeckst du noch einen Gong, der an einer Schnur vom Stiegengeländer hängt. Achselzuckend wendest du dich dem großen Garten zu, der das Haus umgibt. Eigentlich ist es mehr als ein Garten, fast schon ein Park, ein

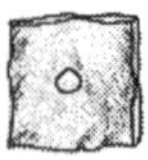

bisschen verwildert. Alte Bäume, mit Flechten bewachsen, spenden kühlen Schatten. Klee säumt dicht die Kieswege. In einer Ecke entdeckst du ein geheimnisvolles Gebilde – es sieht aus wie ein zu Stein gewordenes Ufo, von Moos überwuchert. In einer anderen Ecke ein

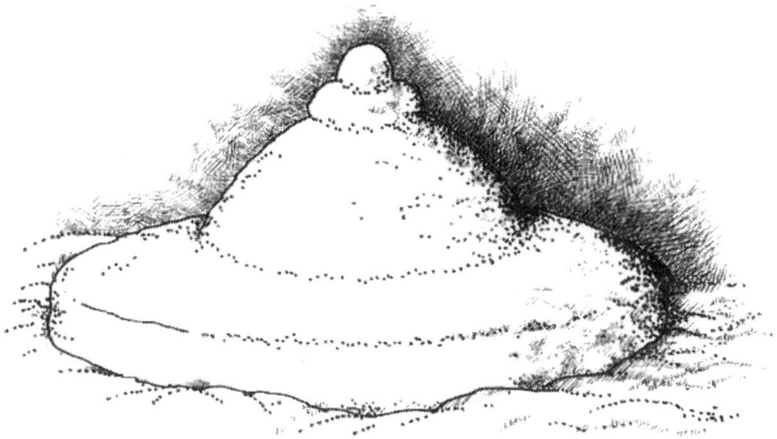

kleiner Tümpel, an dessen Ufer einträchtig heimischer Farn und exotischer Bambus wachsen. Miauend kommt dir eine schwarze Katze entgegen. Ein böses Omen? Miauend streicht sie um deine Füße, bettelt um Futter. Du bückst dich, um das Tier zu streicheln. Da erklingt plötzlich ein heller Ton. Erschrocken siehst du auf. Du bist mit der Schulter gegen ein Glockenspiel gestoßen, gegen ein Glockenspiel aus Metallrohren, das vom Ast eines Nussbaums hängt.

Schon willst du dich aus dem Staub machen, als plötzlich die Tür von innen geöffnet wird. Ein junger Mann mit kahl rasiertem Kopf, nicht viel älter als du, tritt aus dem Haus. Weglaufen? Geht nicht. Wozu auch? Vielleicht gibt er dir ein Interview für die Schülerzeitung. Du

gehst auf den Burschen zu. Ob dieser Schüler Buddhas Deutsch spricht? Du deutest auf deinen Sonnenbrand. Vielleicht gibt es hier ein Mittel dagegen. So lässt sich ein Gespräch beginnen.

Und dann stellst du deine unvermeidliche Frage nach dem Leichter-leben-Rezept. O ja, gegen Sonnenbrand gäbe es ein Mittel im Haus, ein sehr gutes sogar. Und was das leichte Leben anginge: Dasselbe Mittel würde nicht nur gegen Sonnenbrand helfen, sondern alle möglichen Leiden kurieren. »Allerdings – die Flasche ischt nicht gerade billig«, sagt der junge Buddhist. Seiner Sprache nach kommt er nicht aus dem Fernen Osten, sondern aus dem fernen Westen, aus Tirol, aus Vorarlberg, vielleicht aus der Schweiz.

Du überlegst kurz, aber angestrengt. 188 Schilling – ein stolzer Preis! Andererseits: Wenn die Tinktur nur halb so viel hält, wie der junge Buddhist verspricht, ist sie ihr Geld wert!

Willst du die Flasche mit dem Wundermittel kaufen? Ja? Weiter bei **118**.

Oder lehnst du dankend ab. Weiter bei **14**.

68

Über eine alte Verbindungsstraße durch die *Prolling* gelangst du wieder nach Opponitz. Diesmal willst du dich nicht länger hier aufhalten. Du radelst weiter nach Waidhofen. Und dort wirst du eine kleine Stärkung zu dir nehmen, in einem schattigen Gastgarten, in einem Café oder in einer Konditorei. Weiter bei **6**.

69

An diesem Abend vertiefst du dich erneut in das alte Buch. Noch hat die Suche keine besonderen Ergebnisse gebracht, obwohl du schon so viel unternommen hast. Du wirfst einen Blick auf deinen Plan. Frage 1, Frage 2 und Frage 3 sind noch immer offen. Nur Frage 4 und Frage 5 kannst du abhaken – den *Eisenstraßenwein* und das abgebildete Gebäude auf dem Etikett. Du willst noch einmal bei diesem Töpper, dem letzten Schwarzen Grafen, nachschlagen. Irgendwas drängt dich dazu. Noch weißt du nicht alles über ihn und seine Frau!

Kaum hast du das Buch hervorgeholt, fühlst du schon wieder diese merkwürdige Unruhe. Es kribbelt richtig in deinen Fingern. Aber du zwingst dich mit der ganzen Stärke deines eisernen Willens gelassen zu bleiben. Weiter bei **71**.

70

Du wirst einfach versuchen möglichst viel über diesen Töpper zu erfahren, an Ort und Stelle. Du musst recherchieren wie ein echter Reporter. Wie war doch gleich der Name dieser Ortschaft? Hier, du hast ihn gewissenhaft notiert: Neubruck, bei Scheibbs. Hier hat Töpper gelebt, hier ließ er sich begraben. Du musst nach Neubruck bei Scheibbs! Weiter bei **80**.

71

Anscheinend war dieser Andreas Töpper mehr als nur ein tüchtiger Unternehmer. Wenn es stimmt, was das alte Buch berichtet, waren er und seine Frau bei den Arbeitern sehr beliebt, ja sie wurden von ihnen richtiggehend verehrt. Auf Seite 217 findest du folgenden merkwürdigen Absatz:

Der Gewerke Töpper sorgte vorbildlich für die große Familie seiner Arbeiter. Für die Kranken richtete er ein Spitalzimmer ein und erbaute ein Altersheim in Scheibbs. Wenn Jahrmarkt war, kaufte er für die Kinder seiner Arbeiter ganze Lebkuchenstände leer. Frau Helena kümmerte sich um die ledigen Schmiede und pflegte die Kranken. In ihrem Garten zog sie Heilkräuter, sie mischte kräftige Tränklein und heilende Salben . . .

Dir stockt der Atem. Du spürst, wie eine Gänsehaut über deinen Rücken läuft. Die Tränklein! Wenn das kein Hinweis auf das Leichter-leben-Rezept ist, kein wichtiger Fingerzeig, was dann? *Sie mischte kräftige Tränklein . . .* Du hast eine Spur gefunden! Endlich! Eine deutliche, viel versprechende Spur! Nur – du willst nicht das ganze Buch durchackern. Diese Beschreibungen sind so umständlich und langatmig. Die Leute müssen sich früher wohl mehr Zeit zum Lesen genommen haben. Du willst endlich zur Sache kommen. Du willst keine Zeit mehr verschwenden! Du willst das Rezept der Helena Töpper! In deiner Aufregung blätterst du fahrig hin und her.

Gehst du im Buch ein paar Seiten nach vorn? Weiter bei **73.**
Oder blätterst du ein paar Seiten zurück? Weiter bei **72.**

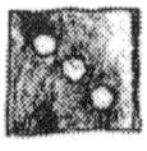

72

Ungeduldig blätterst du mehrere Seiten auf einmal um und landest bei Seite 209. Was steht denn da? Aufgeregt verschlingst du Wörter und Zeilen:

Im Jahr 1585 erfand Schmiedemeister Konrad Eisvogel im oberösterreichischen Almthale den Wasserbreithammer, mit dem die Sensen billiger hergestellt werden konnten.

Nein, das ist es nicht, du suchst keinen Eisvogel. Sicher hast du zu weit zurückgeblättert. Also rasch wieder nach vorn! Weiter bei **73**.

73

Da! Seite 218, vielleicht findest du hier was! Das könnte es sein:

Als im Jahre 1826 aus der Galle eines Ochsen eine Säure namens Taurin gewonnen wurde, wusste Frau Helena sich dies bald zu Nutze zu machen. Sie bereitete aus Taurin und verschiedenen Beigaben ein Erfrischungsgetränk, das sich bei ihrem Gemahl und bei den Arbeitern der Töpper-Werke bald großer Beliebtheit erfreute. Die Rezeptur dieses Getränkes wurde vorerst geheim gehalten, doch als auch die Fuhrleute und die Knappen am steierischen Erzberg nach diesem Wundertranke verlangten, wurde die Methode der Zubereitung allgemein bekannt.

Es hält dich nicht mehr länger im Sessel. Du springst auf, du musst beim Lesen hin und her gehen. Dein Mund ist

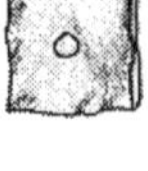

trocken, deine Wangen und deine Ohren glühen. Das ist es! Du bist schon ganz nah dran an diesem Rezept! Wenn das stimmt, was in diesem Buch steht – und warum soll es nicht stimmen? –, dann bist du einem einmaligen Zaubertrank auf der Spur! Weiter bei **74**.

74

Im Jahre 1854 war die Nachfrage nach dem Getränk so groß, dass in den Eisenwurzen nicht mehr genug Ochsengalle aufgetrieben werden konnte. Dieses Getränk ist von außerordentlicher Wirkung, verleihet große Energie und lässt Müdigkeit und Sorgen vergessen.

Da steht es: schwarz auf weiß! Ein Leichter-leben-Getränk hat Helena Töpper erfunden! Weiter! Weiter! Weiter bei **75**.

75

Freilich sind neben dem Mittel Taurin verschiedene Zuthaten erforderlich, als da sind: . . .

. . . Messer, Nägel, Sägeblätter, Spalierhagel, Kuhglocken, Hostieneisen und 30.000 Stück Säbel für die Haupt- und Residenzstadt Wien . . .

Was ist das für ein vermaledeites Teufelsbuch! Das kann doch nicht wahr sein! Messer und Nägel als Zutaten? Bist

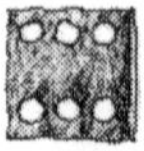

du behext oder betrunken? Du reibst dir die Augen, du liest noch einmal und noch einmal. Du liest immer wieder:

Freilich sind neben dem Mittel Taurin verschiedene Zuthaten erforderlich, als da sind: . . .
. . . Messer, Nägel, Sägeblätter . . .

Du starrst auf die Seitenzahlen. Nein, das kann nicht sein! Auf Seite 218 folgt Seite 221! Du schreist gequält auf. Ein Blatt fehlt! Ein ganzes Blatt! Die zwei wichtigsten Seiten im ganzen Buch! Jemand muss sie herausgerissen haben! Weiter bei **76**.

76

Du fühlst dich benommen und schwindlig. In deinem Kopf beginnt sich alles zu drehen. Gleich morgen musst du in die Apotheke. Du wirst nach dem Taurin fragen. Und dann musst du in die Stadtbücherei. Dieses Buch wird es doch nicht nur einmal auf der Welt geben! Ja, und vielleicht solltest du auch einen Arzt aufsuchen . . . Weiter bei **114**.

77

Im Wartezimmer der Ordination hast du dich nach der Stadtbücherei erkundigt. Du weißt, welchen Weg du jetzt einschlagen musst. Du kommst an einer Apotheke vorbei. Ein Plakat im Schaufenster ist nicht zu übersehen:

Wir haben das Leichter-leben-Rezept für Sie! Sind sie niedergeschlagen, ängstlich, depressiv? Fluctan – die Glückspille. Wer sie nimmt, fühlt sich besser als gut. Ab jetzt gibt es Glück auf Rezept. Fragen Sie Ihren Arzt oder Apotheker!

Beim Arzt warst du schon, jetzt fragst du also den Apotheker. Aber nicht nach diesem Fluctan wirst du dich erkundigen, sondern nach dem Naurit. Naurit? Nein, Ritaun! Nein . . . wie heißt sie nur, diese verflixte Säure aus der Ochsengalle? Taurin! Taurin heißt sie. Darüber wolltest du etwas erfahren! Weiter bei **78**.

78

»Ich komme von der Schülerzeitung und habe eine Frage. Was genau ist Taurin?«

»Jaja«, sagt die Frau Magister und lacht. »Das gute, alte Taurin. Es ist ein Aufputschmittel. Man kennt's schon lang. Inzwischen braucht man keine Ochsengalle mehr, um es herzustellen. Das Zeug ist in jedem Energiedrink, glaub ich, egal, wie sie heißen: Rotes Schwein, Blauer Stier, Geflügelter Hengst, Dynamit, Power Lady oder weiß der Teufel, wie – ich seh nur selten die Fernsehwerbung. Treibstoff für lahme Enten. Und vor allem ein gutes Geschäft für die Hersteller.«

Tja, was sollst du dazu sagen? Dir fehlen die Worte und das kommt nicht oft vor. Es ist einfach unglaublich, ein Treppenwitz der Geschichte. Mutter Töpper war ihrer Zeit weit voraus. Sie braute schon vor anderthalb Jahr-

hunderten einen Energiedrink. Wer hätte das gedacht! Vielleicht hat ihr Mann das zu wenig beachtet. Vielleicht hätte er rechtzeitig umsatteln sollen: von Eisen und Stahl auf Energiedrinks. Vielleicht hätte er in seinen Walzwerken die Getränkedosen dafür herstellen können, wer weiß . . . Weiter bei **79**.

79

Dein Weg führt dich von der Apotheke schnurstracks auf den *Hohen Markt* in die Stadtbücherei. Das Glück lacht dir ausnahmsweise wieder – es ist gerade Ausleihzeit. Du stellst dich in die Reihe der Wartenden. Die Frau vor dir gibt einen ganzen Stapel Bücher zurück. Ist es nicht die aus dem Kaffeehaus? Neugierig, wie du bist, stellst du dich auf die Zehenspitzen und blickst ihr über die Schulter, um den Titel des obersten Buches zu lesen. Er lautet: *Frauen brauchen Schokolade*. Das gibt zu denken!

Als du an der Reihe bist, bringst du deinen Wunsch vor: *Die Schmiedschaft in den Eisenwurzen*. Die Bibliothekarin sieht dich verwundert an, dann schüttelt sie den Kopf. »Dieses Buch haben wir nicht«, sagt sie. »Da brauch ich gar nicht nachzusehen.«

»Könnten Sie wenigstens nachschauen, ob es das Buch überhaupt noch gibt?«, flehst du.

»Da musst du in eine Buchhandlung.« Weiter bei **107**.

80

Du willst den Drahtesel satteln, findest aber deinen Rucksack nicht. Es muss leider gesagt werden: Du bist nicht besonders ordnungsliebend. Wertvolle Zeit vergeht, bis du ihn endlich gefunden hast. Du hast den Rucksack schon längere Zeit nicht mehr verwendet. Für die Fahrt nach Scheibbs brauchst du ihn aber; du solltest ein paar Dinge mitnehmen: ein Getränk, Regenschutz, die Luftpumpe, eine Straßenkarte, Heftpflaster, ein bisschen Geld. Doch komisch, dein Rucksack kommt dir diesmal schwerer vor als sonst. Hast du ihn letztes Mal nicht ausgeräumt? Weiter bei **81**.

81

Du siehst, dass eine Seitentasche des Rucksacks ausgebeult ist, und greifst vorsichtig hinein. Du spürst einen mittelgroßen Gegenstand und ziehst ein Päckchen hervor, eingeschlagen in mehrere Bogen altes, fleckiges Zeitungspapier. Es ist die *Amtliche Wiener Zeitung* vom 19. Mai 1954.

Zunächst bist du ganz erstaunt über deinen Fund. Wie kommt dieses Ding in deinen Rucksack? Doch schließlich fällt es dir ein: Der Vorfall in der Eisenbahn! Rasch wickelst du den Gegenstand aus und hältst – ein Buch in den Händen. Weiter bei **120**.

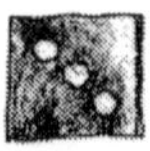

82

Für deine Fahrt brauchst du mit dem Rad etwa zwei Stunden. Sie führt dich über Ybbsitz und Gresten durch eine abwechslungsreiche Landschaft. Um Scheibbs machst du vorerst einen Bogen. Dein Ziel heißt Neubruck. Aber ob man hier etwas über den Töpper weiß? Der ist doch schon so lange tot. Wen könnte man fragen? Weit und breit niemand in Sicht. Ratlos stehst du vor einem Zaun mit einem hohen Gittertor. Weiter bei **83**.

83

Hinter dem Zaun rauscht ein Bach und daneben stehen die Backsteingebäude einer großen Fabrik. Es ist die Fabrik, die Andreas Töpper gegründet haben soll. Aus einem kleinen Hammerwerk ist sie entstanden. Leider ist das Gittertor verschlossen. Aber findig, wie du bist, hast du bald eine Tafel entdeckt: *Zufahrt zur Fabrik und zum Schloss für Besucher nur über die Brücke*.

Ein Schloss gibt's hier auch?, denkst du überrascht. Von einem Schloss hast du noch nichts bemerkt und von einer Brücke auch nicht. Du machst dich auf die Suche und entdeckst ein paar hundert Meter weiter bald die steinerne Brücke. Töpper hat sie erbauen lassen und sie hat dem ganzen Ort ihren Namen gegeben. Jetzt siehst du auch das Schlösschen und den angrenzenden Park mit den alten Bäumen. Du bist vorhin daran vorbeigeradelt, ohne ihn zu bemerken – sosehr warst du in Gedanken versunken.

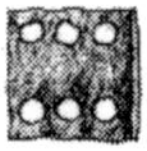

Die Stahl- und Blechwarenfabrik des

Andreas Töpper in Neubruck bei Scheibbs

Der Schwarze Graf, das Rezept und der Eisenstraßenwein wollen dir nicht aus dem Sinn.

Neben dem Schloss steht eine Kapelle mit einer Rundkuppel und einem Türmchen. Seltsam: Schloss, Kapelle, Park und Fabrik – alles beisammen auf einem Grundstück. Weiter bei **84**.

84

Du betrittst den Platz vor dem Schlösschen. Zwei steinerne Statuen bewachen den Eingang. Von diesen hast du nichts zu befürchten. Der rechten fehlen die Nase und ein Arm. Solche Wärter sind dir lieber als vierbeinige mit scharfen Zähnen. Du lehnst dein Rad an einen Baum im Park und gehst vorsichtig auf das Schloss zu. Niemand hat dich gerufen, niemand hat dich eingeladen hierher zu kommen. Du hast dich nicht einmal angemeldet. Aber du bist schließlich Reporter und arbeitest für eine Zeitung, wenn auch für eine kleine. Weiter bei **85**.

85

Plötzlich erblickst du mehrere Leute. Zwei von ihnen haben große Kameras auf den Schultern. Und dann siehst du auch ihre Autos. Ein Fernsehteam ist an der Arbeit und macht Aufnahmen vom Schloss! Ein Mann in Hemdsärmeln hat die Führung der Gruppe übernommen. Das ist deine Chance! Unauffällig schließt du dich an! Weiter bei **86**.

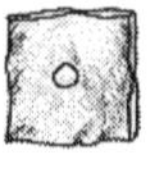

86

Vornehme Kühle empfängt dich im Schloss. Ein bisschen beklommen fühlst du dich schon. Du fröstelst in deinem T-Shirt – und du fragst dich, wie du eigentlich dazu kommst, so von einem Tag auf den anderen vom Badestrand an der Ybbs in ein herrschaftliches Schloss zu wechseln. Alles wegen dieser Flaschenpost! Aber jetzt zu kneifen wäre feige. Das Schicksal hat nun einmal seinen Lauf genommen . . .

Breite Holzstiegen geleiten dich in das Obergeschoss. Aus der nahen Papierfabrik hörst du noch immer das Summen der Maschinen. Du betrachtest die Bilder seitlich neben dem Stiegenaufgang, die aussehen, als wären sie von berühmten flämischen Künstlern gemalt worden. Es ist eine fremde Welt, die du da betreten hast. Das dunkle Holz an Wänden und Decke strahlt Ernst und Würde aus.

Plötzlich stehst du mutterseelenallein da! Die Leute vom Fernsehen sind verschwunden. Weiter bei **87**.

87

Du lässt dich nicht so leicht entmutigen. Umkehren und weglaufen? Du doch nicht! Jetzt, wo du das Schloss schon einmal betreten hast, möchtest du es auch besichtigen.

Deine Schritte hallen seltsam auf dem alten Parkett, als du durch einen langen Korridor im ersten Stock wanderst. Du erreichst einen holzgetäfelten Raum. Er könnte einmal der Billardsaal des Schlossherrn gewesen sein. Aber wie geht es jetzt weiter? Zwei Türen, die völlig gleich aussehen, führen aus diesem Raum hinaus. Die eine zu

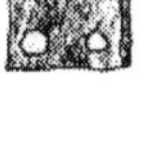

deiner Linken, die andere zu deiner Rechten und beide sind gleich weit von der Mitte der Wand entfernt. Durch welche willst du gehen?

Durch die linke? Weiter bei Abschnitt **10**.

Durch die rechte? Weiter bei **88**.

88

Du drückst die Klinke der rechten Tür, doch die lässt sich nicht öffnen. Du drückst fester – vergeblich. Du rüttelst – die Tür lässt sich keinen Millimeter bewegen. Aber sie ist nicht verschlossen! Es ist eine Tür, die keine ist – denn sie führt nirgendwohin. Man ließ sie nur der Wirkung wegen anfertigen. Zwei Türen in der Wand im selben Abstand von der Mitte – das ist Harmonie. Doch nur eine lässt sich öffnen. Du hast die blinde Tür gewählt – hoffentlich kein böses Vorzeichen für deine Spurensuche! Zurück zu Abschnitt **87**.

89

Von einem Raum kommst du in den anderen, durch prächtige Zimmer mit Parkettböden, mit Kachelöfen, reich verzierten Holzdecken und Gobelins. Weiter bei Abschnitt **90**.

90

Im letzten holzgetäfelten Raum dann das Gründerbild, ein großes Ölgemälde. Ein Beleuchter vom Fernsehen stellt einen Scheinwerfer auf: Andreas Töpper und seine Frau Helena werden plötzlich in grelles Licht getaucht. Sie knien rechts und links von ihrem Werk, der Fabrik, dem Mittelpunkt des Bildes. Töpper und seine Frau knien mit gefalteten Händen, Engel und Heilige umschweben sie. Er sieht gar nicht imposant aus auf diesem Bild, der Schwarze Graf, eher klein und unscheinbar.

Was ist denn das? In seiner Schläfe ist ein Loch wie von einem Pistoleneinschuss, auch im Kopf seiner Frau! Die Heiligen auf dem Bild sind unversehrt.

Als ob er deine Gedanken gelesen hätte, sagt der Führer: »Die beiden Einschüsse stammen von russischen Soldaten, die sich nach dem Krieg im Schloss aufhielten.«

Es ist merkwürdig. Es ist irgendwie unheimlich. Da ist ein Bild von einem Mann, auf den geschossen wurde, nachdem er schon über siebzig Jahre tot war. Und noch einmal fünfzig Jahre später hast du eine Nachricht mit einem Hilferuf von ihm aufgefangen. Was ergibt das alles für einen Sinn? Ergibt es überhaupt einen Sinn? Du musst dir auf jeden Fall die Kapelle anschauen, die Kapelle, in der Töpper und seine Frau begraben wurden. Weiter bei **91**.

91

Auch die *Andreas-Kapelle* steht heute offen. Wahrscheinlich wurde sie eigens für die Leute vom Fernsehen aufgeschlossen. Du nützt die Gelegenheit. Wer weiß,

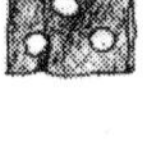

vielleicht öffnet man für das TV sogar den Sarkophag, den steinernen Prunksarg Töppers? Oder bekam er einen Eisensarg, passend zu seinem Lebenswerk? Vielleicht zeigt man die sterblichen Überreste des Schwarzen Grafen? Vielleicht wurde er sogar einbalsamiert?

Doch die Kapelle ist so gut wie leer. Sie muss einmal prachtvoll gewesen sein, aber heute macht sie einen verkommenen Eindruck. Der Zahn der Zeit hat arg an ihr genagt. Verputz ist abgebröckelt, Sprünge und Risse ziehen sich durch Wand und Mauern. Eine Stelle aus deinem alten Buch fällt dir ein: *Nach seinem Tod zerfiel bald sein Lebenswerk . . .*

Du erblickst eine Tür, die in einen Nebenraum der Kapelle führt. Willst du ihn betreten?

Ja? Weiter bei **11**.

Nein? Weiter bei **92**.

92

Schon willst du die *Andreas-Kapelle* verlassen, da entdeckst du eine Stiege. Wenn du schon hier bist, könntest du ja nachschauen, wohin sie dich bringt. Oder versprichst du dir nichts davon? Weiter bei **93**.

93

Es ist eine schmale Treppe, die im Bogen nach oben führt. Du gelangst auf einen Orgelchor, den du vorhin gar nicht bemerkt hast. Von oben hast du einen Überblick über das Innere des Bauwerks, das einst bessere Zeiten gesehen

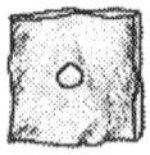

hat. Es ist totenstill in dem Raum. Nicht einmal eine Fliege summt. Dich friert ein wenig, als du auf die leere, baufällige Kapelle hinunterblickst. Hier also wurde musiziert, zur Ehre Gottes und des reichen, mächtigen Hammerherrn, des Schwarzen Grafen. Hier wurden Taufen und Hochzeiten im Familienkreis gefeiert und die Messen abgehalten. Schwarze Messen waren es bestimmt nicht. Nach allem, was du über Töpper gehört und gelesen hast, war er ein frommer Mann. Hier fand wahrscheinlich auch seine Totenmesse statt. Aber wo ist sein Grab? Wo ist das Grab seiner Frau? Weiter bei **94**.

94

Du verlässt die Kapelle durch den Haupteingang und gehst noch einmal um das Bauwerk. Dabei fällt dir seitlich eine niedrige Tür auf, die du anfangs gar nicht bemerkt hast. Schwer zu sagen, wohin sie führt, aber sie steht offen! Willst du eintreten?

Ja? Weiter bei **95**.

Nein? Weiter bei **12**.

95

Du steigst über Brennnesseln hinweg und gehst durch die niedrige Tür. Der Gang führt in die Krypta, den unterirdischen Raum unter dem Altar. Hier sieht es ziemlich gespenstisch aus. Du musst dich bücken, so niedrig ist die Decke. An einem Stück Draht zerkratzt du dir die Wade. Alles, was du im Halbdunkel findest, sind eine Leiter und ein Mörtelkübel. Dann entdeckst du Maurerwerkzeug. Vielleicht wurde schon mit den Ausbesserungsarbeiten

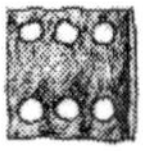

in der Kapelle begonnen? Gerümpel liegt umher, nichts Aufregendes – kein Sarkophag, kein Grabkreuz, nichts.

Nichts? Doch, in einer Ecke liegt was. Ein Stück staubiges Papier, zusammengerollt – nicht mehr und nicht weniger. Papierröllchen wirken auf dich seit kurzem wie ein Magnet – sie üben eine Anziehungskraft aus. Du hebst das Röllchen auf, pustest den Staub weg. Dann versuchst du es zu glätten. Es ist das Etikett einer Bierflasche. *Wieselburger Bier.* Wahrscheinlich hat es ein Maurer weggeworfen, denkst du enttäuscht. Dann drehst du das Etikett um; warum, kannst du nicht sagen – einfach aus dem Gefühl heraus. Und auf der Rückseite findest du eine Notiz! Wie elektrisiert starrst du auf die Schrift:

Ein starkes Stück. Noch eine Botschaft? Botschaft Nummer zwei? Diese Notiz stammt garantiert nicht von Töpper, da bist du dir sicher. Aber von wem dann? Da hat sich irgendein Spaßvogel einen dummen Scherz erlaubt. Nachdenklich verlässt du den unterirdischen Raum und kletterst ins Freie. Weiter bei **96**.

96

Im Hof triffst du wieder auf die Fernsehleute mit dem kundigen Führer, der sie durch die Parkanlagen begleitete. Und jetzt bekommst du auch Auskunft: Töpper und seine Frau oder das, was noch von ihnen übrig war, haben hier nicht ihre letzte Ruhe gefunden, sondern die vorletzte. Man hat sie zwar in der Kapelle bestattet, später aber in eine Gruft auf den alten Friedhof nach Scheibbs überführt.

Noch während du dich verabschiedest, überlegst du bereits, wie es jetzt weitergehen könnte. Du bist ganz in der Nähe der schönen alten Stadt Scheibbs. Vielleicht solltest du das Grab Töppers aufsuchen? Weiter bei **97**.

97

Nach wenigen Minuten hast du Scheibbs erreicht. Es ist gut, dass du mit dem Fahrrad unterwegs bist, so findest du dich in den engen Gassen und Straßen der Innenstadt besser zurecht und hast keine Probleme mit dem Parken.

Flötentöne locken dich in den Innenhof der alten Burg. Eine Weile bleibst du stehen, um einem Straßenmusikanten zuzuhören, der ein Ständchen auf seiner Querflöte gibt. Immer mehr Leute finden sich ein, um ihm zu lauschen.

Als er nach seinem Konzert die Münzen einsammelt, die

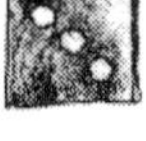

man ihm zugeworfen hat, fasst du dir ein Herz und fragst ihn nach seinem Leichter-leben-Rezept.

»Musik«, sagt er und lacht. »In meiner Reiseapotheke gibt's nur Musik. Musik hilft, wenn ich traurig bin. Musik macht, dass ich fröhlich bin. Musik hilft mir in jeder Lebenslage.«

Du glaubst ihm. Es klingt überzeugend, was er sagt. Du wirst dir dieses Rezept merken. Und bei Bedarf anwenden.

Eine kleine Rast kann jetzt nicht schaden, findest du nicht auch? Weiter bei **98**.

98

Du nimmst im Freien Platz, in einem schattigen Gastgarten, und bestellst ein Glas Süßmost. Drei Tische weiter sitzen zwei Männer, sonst ist der Gastgarten leer. Die ganze Zeit über bemühst du dich schon etwas Ordnung in deine Gedanken zu bringen. Erstens: Schwarze Grafen gibt es nicht mehr. Zweitens: Andreas Töpper war der letzte der Schwarzen Grafen. Drittens: Es ist lange her, dass Töpper und seine Frau gelebt haben. Viertens: Das Interview für die Schülerzeitung könnte man ja erfinden, *fingieren* nennt man das. *Interview mit einem Toten* . . . Klingt gut, reißerisch, ein richtiger Aufhänger. Man wird euch die Schülerzeitung nur so aus den Händen reißen!

Je länger du über die ganze Sache grübelst, desto mehr bist du überzeugt: Hier stimmt manches nicht zusammen. Töpper, einer der reichsten Männer des 19. Jahrhunderts, hätte nie eine Flaschenpost mit einem Hilferuf in einen

Fluss geworfen. Das hätte nicht zu ihm gepasst. Damit steht für dich fest: An der Sache ist was faul! Aber was? Weiter bei **99**.

99

Das Rätsel wird nicht leichter, je länger du dich damit beschäftigst.

Du schließt die Augen. Du legst die Stirn in Falten. Du denkst angestrengt nach, dass es nur so knistert. Und plötzlich fällt dir ein, was dir schon lange hätte einfallen können: das Etikett!

Die Flasche kann noch gar nicht so lange im Wasser gelegen haben. Sonst hätte sich das Etikett längst abgelöst! Also wurde sie erst vor kurzem irgendwo in der Nähe »abgeschickt«, vielleicht nur ein kleines Stück flussaufwärts. Und der Absender, irgendein Witzbold, hat sich einfach als Schwarzer Graf ausgegeben. Weiter bei **110**.

100

Viele Dinge haben zwei Seiten, auch Briefe. Bei Briefen ist meistens nur eine beschriftet. Bei diesem hier ist es jedoch anders.

Wie ohne Absicht nimmst du das Schreiben noch einmal zur Hand, den Brief, mit dem alles begonnen hat. Du siehst rechts unten ein Zeichen: Punkt, Schrägstrich, Punkt. Das Zeichen kennst du. Es bedeutet: BITTE WENDEN.

Du drehst den Brief um und – findest auf der Rückseite noch ein PS, keine Pferdestärke, sondern ein *Postskriptum*, eine Nachschrift!

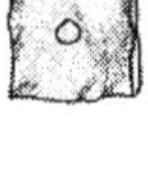

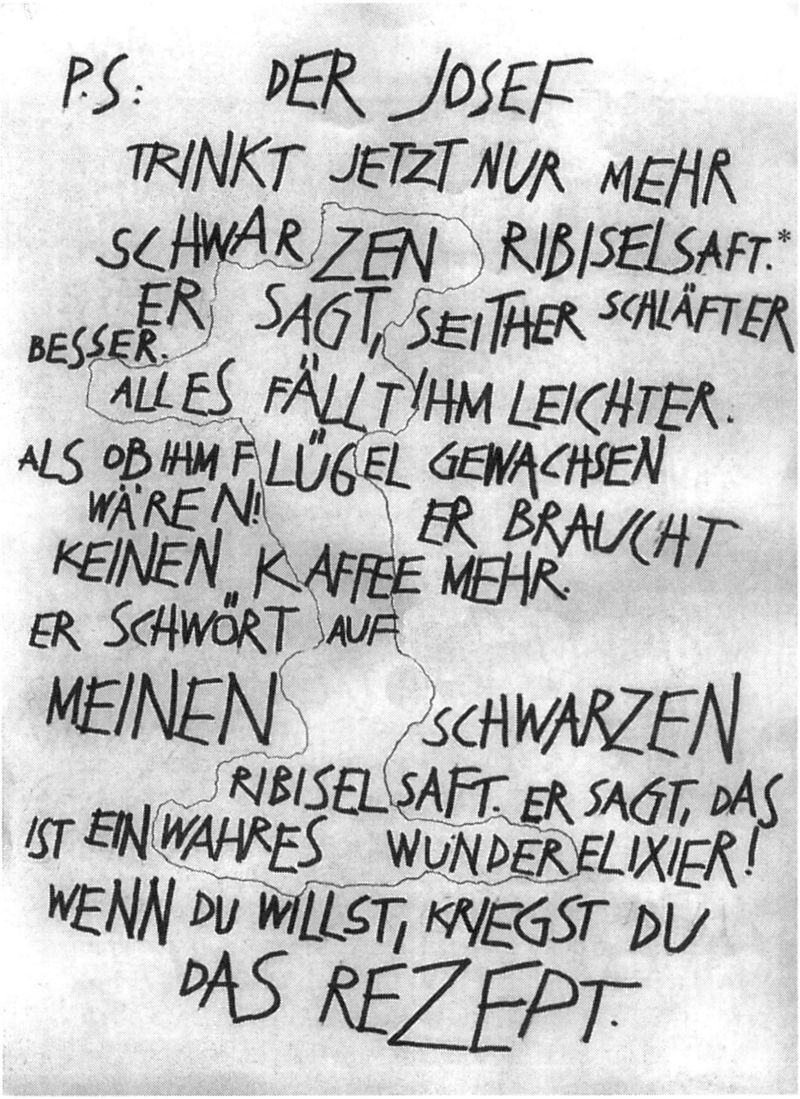

* Ribiselsaft: österr. für Johannisbeersaft

Und ob du willst! Der Brief ist zwar nicht an dich gerichtet, aber du denkst, du wirst der Briefschreiberin das Geheimnis entlocken können. Schließlich bist du Reporter – und geübt im Ausforschen von geheimnisvollen Rezepten. Du packst den Landstreicher an der gräflichen Schulter. »Diese Bäuerin«, stößt du hervor, »du weißt, wo diese Bäuerin wohnt?«

Der Landstreicher versteht deine Aufregung nicht recht. »Sicher. Ich habe ihr doch einen Besen verkauft.«

Er muss dich hinbringen, der Schwarze Graf, ob er will oder nicht. Dieses Wunderelixier solltest du unbedingt ausprobieren, findest du nicht auch? Wer weiß, vielleicht stellt sich doch noch der Erfolg ein.

Und schon hast du eine neue Vision: In Kröllendorf, talauswärts, gar nicht so weit von hier, gibt es einen großen Betrieb, der Fruchtsäfte erzeugt. Vielleicht hat man dort offene Ohren für diesen neuartigen Energiedrink aus schwarzen Ribiseln. Und du weißt auch schon einen Namen dafür. »Schwarzer Graf« könnte man den Wundersaft nennen. Du lieferst die Idee und das Rezept, der Graf gibt seinen Namen dafür her. Wenn das kein Erfolg wird . . . Wie sagten schon die alten Römer? Jeder ist seines Glückes Schmied . . .

Du wischst die Regentropfen vom Sattel und schwingst dich auf dein Fahrrad. Morgen wirst du dich mit deinen Freundinnen und Freunden treffen, an eurem Badestrand an der Ybbs. Du hast dich im Datum um eine Woche geirrt. So was kann leicht passieren in den Sommerferien. Du wirst ihnen eine unglaubliche Geschichte servieren, eine Geschichte für die neue Schülerzeitung.

Eine zentnerschwere Last ist dir vom Herzen gefallen.

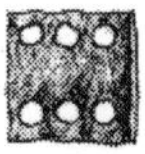

Dein Kopf ist wieder frei und du fühlst dich unbeschwert. Du fühlst dich einfach gut, ganz ohne Zaubertrank und Glückspille. Du fühlst dich gut und das Leben ist leicht und schön.

E N D E

101

Du siehst der Flasche nach, wie sie an dir vorbeitreibt. Bald schon ist sie hinter der nächsten Flussbiegung verschwunden. Du lehnst dich auf deiner Badematte zurück und schließt die Augen. Es ist wunderschön hier, am Kiesstrand der Ybbs. Aber wo bleiben nur deine Freundinnen und Freunde?

Nach einer Weile setzt du dich auf. Langsam wird es langweilig, so ganz allein am Wasser. Da siehst du neuerlich im Fluss etwas auf dich zutreiben. Weiter bei **102**.

102

Wenn dich nicht alles täuscht, ist es wieder eine Flasche! Was hat das zu bedeuten?

Diese Flasche schwimmt nicht so nah am Ufer wie die erste. Willst du sie trotzdem herausfischen?

Ja? Weiter bei **103**.

Nein? Weiter bei **104**.

103

Du krempelst die Hosenbeine hoch und watest ein paar Schritte ins kühle Wasser. Aber die Strömung ist stärker, als du dachtest. Und da passiert dir ein Missgeschick. Du rutschst auf den glitschigen Steinen aus und verlierst das Gleichgewicht. Du tauchst kurz unter. Zwar hast du dich rasch wieder hochgerappelt, aber als du deine Hand ausstreckst, um die Flasche zu ergreifen, ist es zu spät. Sie ist schon vorübergeglitten und nicht mehr in deiner Reichweite. Verärgert watest du ans Ufer zurück und verfolgst die Flasche mit den Augen, bis sie hinter der nächsten Biegung des Flusses verschwindet. Weiter bei Abschnitt **104**.

104

Kaum hast du es dir am Ufer wieder bequem gemacht, entdeckst du neuerlich ein unbekanntes Objekt im Wasser. Wieder sieht es nach einer Flasche aus. Was ist denn da heute los?

Diesmal wirst du sie dir nicht entgehen lassen, oder? Weiter bei Abschnitt **3**.

Oder hast du endgültig genug von Flaschen? Weiter bei **105**.

105

Glasflaschen, die den Fluss herunterschwimmen, langweilen dich? Verständlich. Du wartest schon die ganze Zeit auf deine Freundinnen und Freunde. Doch die bleiben aus. Ein Schlauchboot, voll mit jungen Leuten, gleitet zwar an dir vorüber, aber es sind nicht die, mit denen du hier verabredet warst. Sie rudern kräftig. Bald haben sie die Flasche eingeholt und sie an Bord gehievt. Du beobachtest, wie die Gruppe am anderen Ufer der Ybbs anlegt und die Flasche öffnet. Die scheinen ziemlich neugierig zu sein! Und dann, so viel kannst du feststellen, gibt es große Aufregung unter den Leuten. Schließlich springen sie wieder ins Boot und rudern schnell davon.

Wer weiß, was die Flasche enthalten hat! Vielleicht eine Einladung zu einer Grillparty, ein Brieflos oder eine Freikarte für ein Fußballmatch? Jetzt ärgerst du dich, dass nicht du es warst, der die Flasche geborgen hat. Wenn noch eine daherkommt, dann bist du fest entschlossen zuzugreifen. Weiter bei **106**.

106

Du wartest fünf Minuten. Du wartest zehn Minuten. Du wartest eine Viertelstunde. Nichts. Du verkürzt dir die Zeit damit, flache Steine in den Fluss zu werfen und zu zählen, wie oft sie auf dem Wasser aufspringen. Aber dann! Wirklich, du hast unverschämtes Glück! Nach etwa 25 Minuten sichtest du abermals eine Flasche im Fluss.

Was hat es eigentlich zu bedeuten, wenn leere Flaschen auf der Ybbs daherkommen? Vielleicht wirst du es bald wissen. Denn diesmal zögerst du nicht. Du hechtest ins Wasser. Weiter bei **3**.

107

Also gut. In der Nähe ist auch eine Buchhandlung.

»Haben Sie *Die Schmiedschaft in den Eisenwurzen*? Die vollständige Ausgabe?«

»Wie heißt das Buch? Die Liebschaft in den Eisenwurzen?«

Vielleicht hat er gerade einen Liebesroman verkauft. Du nennst den Titel noch einmal. Der Buchhändler überlegt, dann geht er mit einer CD zum Computer. Du siehst, wie Zahlen- und Wortkolonnen über seinen Bildschirm flimmern. Du siehst, wie er den Kopf schüttelt. »Dieses Buch gibt es überhaupt nicht«, meint er und schaut dich komisch an.

Das wird ja immer schöner. Du hast ein Buch gefunden, das es gar nicht gibt!

»Aber ich hab es«, sprudelst du hervor. »Und es fehlt ein Blatt, die zwei wichtigsten Seiten. Das Buch kann es doch nicht nur einmal geben!«

»Ist es ein altes Buch?«

Du nickst. »Ja, sehr alt. 1888 erschienen.«

»Na ja, da kann ich dir nicht weiterhelfen. Da solltest du in Wien nachfragen, in der Nationalbibliothek. Oder im Stift Seitenstetten. In einer Buchhandlung gibt es so ein altes Buch bestimmt nicht!« Weiter bei **108**.

108

Du willst nicht wegen eines fehlenden Blattes eigens nach Wien. Seitenstetten läge näher. Noch einmal kehrst du in die Stadtbücherei zurück. Die Büchereileiterin kommt dir ganz aufgeregt entgegen. In der Hand hält sie ein altes Heft. Du ahnst es, die Ereignisse werden sich gleich überstürzen!

»Dieses Buch gibt es«, ruft sie dir zu, »und wir hatten es einmal in der Bücherei. Aber es wurde ausgeborgt und nicht mehr zurückgegeben. Schau her: Ausgeliehen am 19. Mai 1954. In diesem alten Heft ist es noch eingetragen.«

»Na ja«, sagst du und kratzt dich verlegen am Nacken. »Haben Sie irgendwas anderes zum Thema?«

Kurz darauf kommt sie mit vier Büchern zurück. Das von dir gewünschte Buch ist natürlich nicht dabei. Wie denn auch! Vor dir auf der Büchertheke liegen *Prinz Eisenherz, Die Eisenherren* von einem gewissen Karl Bienenstein, *Auf den Spuren des Eisens* und *Der Schwarze Graf* von einem Autor mit einem unaussprechlichen Namen.

Willst du eines der Bücher entleihen? Welches kommt dir brauchbar vor? Weiter bei **115**.

109

Du nimmst also das Buch oder die Bücher deiner Wahl und willst schon die Bibliothek verlassen. Da bekommst du noch einen Geheimtipp mit auf den Weg: »Ein paar

alte Bände haben sie in der Hauptschule Gresten – neue natürlich auch«, flüstert dir die Bibliothekarin zu. »Da könnte dein gewünschtes Buch doch dabei sein!«

Du bedankst dich. Die Chance doch noch zu diesem Buch mit hoffentlich allen seinen Seiten zu kommen, ist winzig; aber sie ist am Leben. Gresten, Hauptschule Gresten. Es wäre nicht allzu weit . . . Weiter bei **130**.

110

Da schnappst du ein Wort auf, das dich hellhörig macht. Es ist das Wort »Sichelhammer«. Es ist ein merkwürdiges Wort. Du kannst dir nicht vorstellen, dass es ein Gerät gibt, das zugleich Hammer und Sichel ist. Du betrachtest die beiden Männer näher. Sind es Geheimagenten? Hämmer und Sichel aus den Eisenwurzen wurden bis nach Russland und China exportiert!

Noch immer sitzen die beiden hier, drei Tische von dir entfernt.

Der eine sieht nicht unbedingt wie ein Einheimischer aus. Seine schwarzen Haare, die bis weit in den Nacken reichen, glänzen vom Öl. Die Augen verbirgt er hinter Sonnenbrillen mit blauen Gläsern und zu geblümten Bermudas trägt er ein schrilles Golfhemd, das weit aufgeknöpft ist, damit man die goldene Halskette besser erkennen kann. An jedem seiner Finger glänzt ein goldener Ring. Ist das alles Tarnung? Vielleicht solltest du den einmal nach seinem Leichter-leben-Rezept fragen?

Der andere ist unauffälliger gekleidet.

Die beiden reden, essen und trinken Wein – *Eisen-*

straßenwein! Du kannst das Etikett erkennen, auch über drei Tische hinweg. Es ist das Etikett mit dem seltsamen Gebäude.

Sofort beschließt du das Duo nicht mehr aus den Augen zu lassen. Ab und zu fängst du ein paar Gesprächsfetzen auf. Die Sache, über die sie sich unterhalten, scheint ziemlich wichtig zu sein. »Leben wie die Schwarzen Grafen«, vernimmst du und einmal fällt sogar das Wort »Golfplatz«.

Der bunte Vogel könnte natürlich auch ein Immobilien-Hai sein! Einer, der Grundstücke kauft und alte Häuser, um sie aufzumöbeln und dann teuer zu vermieten, an Feriengäste, an Touristen!

Aber vielleicht täuschst du dich auch . . .

Jedenfalls, und das ist sicher, gibt es hier in Scheibbs einen Eisenstraßenwein! Und wenn du schon das Geheimnis um die Botschaft vorerst nicht lüften kannst, dann schau dir doch die Flasche näher an, in der sie versteckt war! Manchmal kommt man auch auf Umwegen rasch ans Ziel.

Es ist schon komisch: Da gibt es einen Eisenstraßenwein und nirgendwo auf deiner Fahrt hast du auch nur einen Weinstock gesehen, geschweige denn einen Weingarten oder einen Weinberg. Dieser Landstrich hier im südwestlichen Niederösterreich ist voller Rätsel . . .

Schließlich ist die Flasche leer. Die beiden schicken sich an aufzubrechen. Die Kellnerin bringt die Rechnung. Der mit dem Golfhemd nimmt sie, bezahlt, zwirbelt den Zettel zu einem dünnen Papierröllchen zusammen und – steckt ihn in die leere Weinflasche. Du fährst mit der Hand über deine Augen. Hast du richtig gesehen? Weiter bei **117**.

111

Du entschließt dich bis zum nächsten Tag in Opponitz zu bleiben. Nach kurzer Zeit hast du ein preiswertes Quartier gefunden. Du verbringst eine ruhige Nacht, aber am folgenden Morgen überkommt dich große Ratlosigkeit. Fast den ganzen Tag lang brütest du über der Geschichte, liest wieder ein paar Seiten in dem alten Buch, überlegst hin und her, wo du weitersuchen sollst. Du hast zwar viel zu Gesicht bekommen, doch wo sind die Ergebnisse? Die können sich noch nicht sehen lassen. Bis jetzt waren sie nicht gerade ermutigend. Aber du hast noch einige Eisen im Feuer. Schließlich verlässt du am späten Nachmittag wieder mit der Bahn den kleinen Ort. Du hast dich entschieden. Du wirst den Markt Ybbsitz aufsuchen. Dort soll es einen *Verein Eisenstraße* geben. Weiter bei **31**.

112

Dir ist was eingefallen. Das Buch hat auf den letzten Seiten ein Stichwort-Register. Du kannst hier die Namen von verschiedenen Orten und Personen nachschlagen. Sie sind nach dem Alphabet geordnet. Neben dem Namen steht immer eine Zahl. Diese Zahl gibt die Buchstaben an, auf der du mehr über den Ort oder die Person erfahren kannst.

Du suchst nach dem Stichwort *Schwarzer Graf*. Aber dieses Stichwort gibt es nicht im Buch!

Deshalb blätterst du weiter zum Buchstaben T. Wie hieß der Hammerherr nur gleich? Topp? Nein, Töpper. Und da ist er auch schon: *Töpper, Andreas, Fabrikant, 216 ff.* Weiter bei **113**.

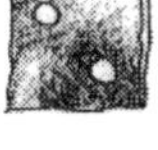

113

Du willst die Seite 216 aufschlagen, aber deine Finger zittern plötzlich vor Aufregung und Ungeduld und das Buch fällt zu Boden.

Aufgeblättert bleibt es liegen. Du bückst dich und hebst es auf. Seite 216! Das Buch hat sich selbst geöffnet, auf Seite 216 aufgeschlagen! Du spürst, wie die Farbe aus deinem Gesicht weicht.

Andreas Töpper stammte aus der Untersteiermark, war mit Erzherzog Johann befreundet und erwarb 1819 ein Hammerwerk im Jeßnitzthale im Gebiet der Eisenwurzen. Töpper errichtete zwei Walzwerke und zwei Flammöfen mit Holzfeuerung und staute den Erlaf-Fluss auf, um Energie zu gewinnen. Seine Eisenwaren, jährlich 14.000 bis 16.000 Zentner, wurden in alle Teile Österreich-Ungarns versandt. Töppers Betrieb wurde zum größten Privatunternehmen der k. u. k. Monarchie, er selbst zu einem der reichsten Männer. Um 1840 beschäftigte er 800 Personen. Er war der angesehenste Herr des Erlafthales und der letzte der Schwarzen Grafen. Nach seinem Tode zerfiel bald sein Lebenswerk, das er zu sehr an seine eigene, kraftvolle Person gebunden hatte . . .

Auf den Seiten 217 und 218 geht es mit Andreas Töpper zwar weiter. Aber fürs Erste reicht das, denkst du und atmest einmal tief durch. Auf nach Neubruck; du heftest dich auf Töppers Spuren! Weiter bei **82**.

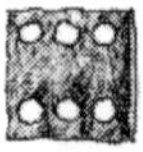

114

Diese Nacht schläfst du schlecht. Dein Unternehmungsgeist ist wie verflogen. Du fühlst dich auf einmal müde, lustlos und zerschlagen. Als du tags darauf an einer Arztpraxis vorüberkommst, setzt du dich kurz entschlossen in den Warteraum. Würfeln!

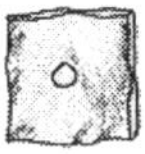 oder 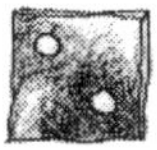

Dir fehlt eigentlich nichts, stellt der Arzt fest – außer dem Rezept (von dem er aber nichts weiß). »Kopf hoch«, tröstet er dich. »Das gibt sich wieder. Mehr Schlaf, mehr Entspannung. Noch ist nicht aller Tage Abend!« Weiter bei **77**.

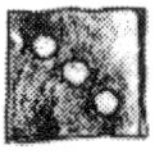 oder 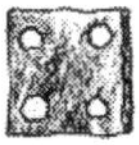

Du wartest und wartest und wunderst dich, dass außer dir keine Patienten da sind. Nur eine junge Frau ist zu sehen, die Gummihandschuhe trägt und im Wartezimmer staubsaugt. Nach etwa einer Stunde erklärt sie dir, dass die Ordination wegen Urlaub des Arztes geschlossen ist. Hast du das Schild nicht gesehen? Weiter bei **77**.

 oder 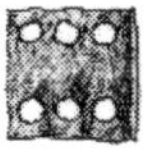

Der Mediziner untersucht dich gründlich, fühlt deinen Puls, macht einen Bluttest und stellt schließlich fest:

Eisenmangel! Du bekommst Eisentabletten verschrieben. Hast du etwas anderes erwartet – hier, in den *Eisenwurzen,* an der *Eisenstraße*? Wie heißt der Wahlspruch auf dem Ybbser Turm? *Stahl und Eisen ernähren die Stadt* . . . Weiter bei **77**.

115

Du möchtest dir *Prinz Eisenherz* ausleihen? Weiter bei **116**.

Du entscheidest dich für das Buch *Die Eisenherren*? Weiter bei **126.**

Du suchst dir das Buch *Auf den Spuren des Eisens* aus? Weiter bei **127**.

Du wählst das Buch *Der Schwarze Graf*? Weiter bei **128**.

Du nimmst alle vier Bücher? Weiter bei **129**.

116

Keine schlechte Idee, auch wenn sie dich nicht weiterbringt. Weiter bei **109**.

117

Du rufst ebenfalls nach der Kellnerin, weil du zahlen möchtest. Doch, wie das so ist, sie kommt nicht. Du rufst ein zweites Mal. Niemand erscheint. Du stehst auf, schiebst das Geld für dein Getränk unter einen Bierdeckel und machst dich auf den Weg in den Schankraum.

Du öffnest die Tür einen Spaltbreit. Der Schankraum ist

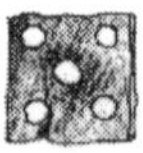

leer. Du suchst weiter, irgendjemand, den man fragen könnte. Vielleicht in der Küche? Plötzlich taucht ein kleines Mädchen auf. Ist die Kleine die Tochter des Wirts? Ja, scheint so. Nein, der Vater sei nicht da, erklärt sie und berichtet dir brühwarm die letzte Neuigkeit. »Der ist auf der Gendarmerie. Gestern Nacht sind sechs Flaschen *Eisenstraßenwein* gestohlen worden. Jemand ist durch ein offenes Kellerfenster in das Weinlager eingestiegen.«

Unglaublich. Sechs Flaschen Eisenstraßenwein! Wenn das keine Spur ist! Lässt sich jetzt auch das Rätsel um das Bauwerk lösen?

»Was ist denn das für ein Bild auf den Eisenstraßenwein-Flaschen?«

»Das ist ein Hammerwerk«, sagt das Mädchen. Ja, das könnte stimmen.

»Und welches?« Du weißt mittlerweile, dass es viele in dieser Gegend gibt, noch immer. »Vielleicht der Grabner-Hammer in Gaming.«

Aha. Grabner-Hammer. Gaming. Nicht weit von hier. Schon notiert. »Und die Kellnerin, wo ist die?«

»Die Kellnerin ist schnell in die Trafik * gegangen. Nur der Koch ist da, in der Küche«, gibt die Kleine Auskunft. »Dem Koch ist ein Rezept in den Fleischwolf gekommen. Jetzt setzt er die Teile wieder zusammen.«

Das klingt ja immer interessanter. Gestohlener Wein und ein Rezept, das in den Fleischwolf kam? Vielleicht ein Leichter-leben-Rezept? Zufall oder Absicht? Dein Reporter-Instinkt erwacht. Du öffnest eine Tür. Sie führt tatsächlich in die Küche. Was du nicht wissen kannst: In dem Raum, den du betrittst, steht das Fenster offen! Ein heftiger Windstoß reißt dir die Tür aus der Hand. Der Luftzug wirbelt

* Trafik: österr. für Tabakladen

unzählige Papierschnitzel aus dem Fenster. Ein Aufschrei des Entsetzens: »Tür zu!« Zu spät – Du ahnst, was du eben angerichtet hast. Fluchtartig verlässt du das Gasthaus und die schöne Stadt Scheibbs. Töppers Gruft wirst du vielleicht ein andermal besuchen. Weiter bei **66**.

118

Wieder eine Flasche? Wieder eine Flaschenpost? Diesmal scheint die geheimnisvolle Botschaft nicht innen, sondern außen, auf dem Etikett, verborgen zu sein. Du erkennst fremde Schriftzeichen, vielleicht sind es chinesische. Schon wieder ein Rätsel? Anstatt der Lösungen tauchen ständig neue Rätsel auf. Schön langsam hast du genug davon!

Kein Mensch hat dich davor gewarnt, deinen Urlaub in dieser rätselhaften Gegend der *Eisenwurzen* zu verbringen!

Willst du die Flasche öffnen? Es kann ja wohl nicht viel passieren, wenn du deinen Nacken mit dieser trübbraunen Flüssigkeit einreibst.

Einverstanden? Weiter bei **119.**

Oder lässt du sie lieber zu? Weiter bei **13**.

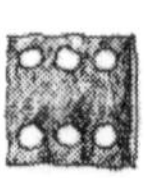

119

Du ziehst den Korken aus der Flasche und schnupperst daran. Dieses Mittel gegen Sonnenbrand riecht nicht übel! Jetzt träufelst du ein bisschen was von dieser Flüssigkeit, die aussieht wie eine Mischung aus Tiroler Nussöl und Sojasoße aus dem China-Restaurant, auf die Finger und von dort auf deinen Nacken. Seltsam! Kaum hast du die gerötete Haut in deinem Nacken mit dem Zeug bestrichen, überkommt dich ein merkwürdiges Gefühl: Du fühlst dich irgendwie freier, leichter, lockerer. Es ist, als würde sich langsam eine harte, hornige Hautschicht von dir ablösen.

Jetzt erst versuchst du genauer zu lesen, was auf der Flasche mit dem Sonnenöl steht: Die fremden Schriftzeichen sind auf der Rückseite der Flasche notdürftig ins Deutsche übersetzt. Oho! Diese Tinktur, die du da eben erworben hast, ist anscheinend ein ganz besonderer Saft! Er soll nicht nur bei Sonnenbrand helfen, sondern – nein, das musst du zweimal lesen, um es zu glauben! – gegen Hass, Gier und Neid wirken! Und – das sind wohl die Nebenwirkungen – den Benutzer Zeit, Geld und Pflicht vergessen lassen! Das ist ja ein echtes Leichter-leben-Rezept! Wenn das stimmt, dann hast du ein wahres Wundermittel in der Hand!

Aber ist es ein Rezept aus der Flaschenpost? Bist du etwa schon am Ziel deiner Wünsche? Noch bist du skeptisch. Leichter-leben-Rezepte gibt es vermutlich mehrere, so viel glaubst du inzwischen sagen zu können. Und noch ist das Geheimnis um den Schwarzen Grafen nicht gelöst. Weiter bei **15**.

120

Das Buch ist noch viel älter als die Zeitung, in die es eingeschlagen war. Es ist ein merkwürdiges Buch, so eins ist dir noch nie untergekommen. An dem abgegriffenen ledernen Einband ist ein Riemen befestigt – samt Schnalle und Schloss. Es sieht so aus, als hätte man das Buch versperren können. Aber irgendjemand hat das Schloss unbrauchbar gemacht. Früher einmal, vor langer Zeit, muss das Buch sehr schön gewesen sein. Vielleicht stand es sogar in einer Schloss- oder Stiftsbibliothek. Weiter bei **121**.

121

Du angelst dir einen Sessel herbei, setzt dich und schlägst die ersten Seiten auf. Sie sind vergilbt und fleckig. Eine flach gedrückte Spinne fällt aus dem Buch. Wer weiß, wie viele Jahrzehnte sie schon da drinnen lag. Du suchst nach dem Titel. Da: *Die Schmiedschaft in den Eisenwurzen.* Erscheinungsjahr: *1888.* Ist das nicht seltsam? Das Buch handelt genau von dieser Gegend, in der du dich zurzeit gerade aufhältst! Wie der Landstreicher wohl zu diesem Lesestoff gekommen ist? Aber stammt der Band überhaupt von dem Landstreicher? Vielleicht ist er schon vorher an dieser Stelle im Eisenbahnwaggon gelegen. Vielleicht hat ihn jemand anderer vergessen? Oder absichtlich liegen lassen? Ob in diesem Buch auch was über Schwarze Grafen geschrieben steht? Und über Rezepte, die das Leben erleichtern? Weiter bei **122**.

122

Der Band sieht ziemlich mitgenommen aus, so, als hätten schon viele Leute darin geblättert. Was sollst du jetzt tun?

Du bist unsicher geworden, unsicher und unruhig. Einerseits möchtest du die Fahrt nicht länger aufschieben, andererseits würdest du gern einen Blick in das alte Buch werfen.

Willst du es jetzt gleich anlesen? Weiter bei **123**.

Oder klappst du es wieder zu und beschäftigst dich erst später damit? Weiter bei **8**.

123

Dein Unbehagen verstärkt sich. Du hältst ein Buch in der Hand, das vor dir schon viele Leute interessiert haben muss. Es ist ein Buch, das, zerlesen und abgegriffen, immer wieder den Besitzer gewechselt hat. Stempel und seltsame Namen tauchen auf der ersten Seite auf, in altertümlicher Schrift geschrieben. Unleserlich manche, unleserlich gemacht andere. *Unverkäufliches Ärztemuster* hat ein Spaßvogel hineingestempelt.

Ist es ein Buch, das immer wieder ausgeliehen, aber nie zurückgegeben wurde? Du runzelst die Stirn. Ist es wo-

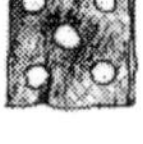

möglich ein Buch, auf dem ein Fluch lastet, ein Buch, das seinen Lesern Unglück brachte? Was steht da drinnen geschrieben, dass es jeder, der darin las, möglichst schnell wieder loswerden wollte? Prophezeiungen? Ein böser Zauber? Weiter bei **124**.

124

Die alte Schrift macht dir Mühe. Du hast nicht vor das ganze Buch zu lesen; allein für die erste Seite brauchst du fast eine Viertelstunde. Aber langsam kommst du in Übung.

Eine versunkene Welt tut sich vor dir auf. Sie öffnet sich mit jeder Zeile, die du verschlingst, ein Stück weiter. Wenn es stimmt, was dieses Buch berichtet, dann muss das ganze Land hier einmal erfüllt gewesen sein vom Pochen unzähliger Hammerwerke, vom Kreischen der Schleifmühlen. In den Wäldern schwelten Tag und Nacht die Kohlenmeiler, um die Holzkohle für die hungrigen Esser zu erzeugen. Schwer beladene Fuhrwerke holperten über das Pflaster der Dörfer, brachten das Raueisen vom steirischen Erzberg in die Schmieden an den Bächen und Flüssen. Dort wurde es verarbeitet: zu Pfannen, Nägeln, Hacken, Sicheln, Sensen und hundert anderen Dingen. Auch zu Waffen: zu Säbeln, zu Gewehrläufen . . . Weiter bei **125**.

125

Die Eisenwaren wurden weitertransportiert: zu den Händlern, auf die Märkte. Sogar die Flüsse wurden befahren und als Verkehrswege genutzt. Im Gegenzug rollten Leiterwagen, zogen Ochsengespanne Richtung Erzberg mit Brotgetreide, Schmalz, Lebensmitteln der Bauern aus dem Alpenvorland für die steirischen Bergknappen. Geld war im Spiel, für die damalige Zeit viel Geld. Die Wirte verdienten, denn die Schenken an der *Eisenstraße* waren voll mit hungrigen und durstigen Fuhrleuten. Die Bauern verdienten durch Vorspanndienste an den steilen Bergstrecken. Die Händler verdienten, die Sensen, Sicheln, Pfannen und Nägel in alle Ecken der Monarchie verkauften. Sie verdienten wahrscheinlich am besten von allen.

Das so gewonnene Roheisen wurde entweder weiterverkauft oder im selben Gebiethe verarbeitet. Die Klingenindustrie erzeugte nicht nur Messer und Dolche, sondern auch Säbel, Degen und Stechmesser. Klingenschmiede stellten die Rohklingen her und übergaben sie den Schleifern, die in eigenen Schleifmühlen die Rohklingen schärften. Zum Schlusse fertigten die Messerer Griffe und Schalen an und machten die Stücke verkaufsbereith . . .

Tja, das klingt alles interessant, ist aber nicht das, was du eigentlich suchst. Du hast gehofft Näheres über Schwarze Grafen zu erfahren. Deine Unruhe hat sich gelegt, die erste Neugier ist gestillt. Du klappst das Buch wieder zu und willst es schon in deinen Rucksack versenken, da kommt dir eine Idee. Weiter bei **112**.

126

Ein historischer Roman, breit angelegt, aber gut lesbar. Wenn du solche Bücher magst, wird dir auch dieses gut gefallen. Du brauchst nur viel Zeit und Geduld. Weiter bei **109**.

127

Ein prächtiger Bildband mit tollen Schwarzweißfotos! Ein Buch für Eisenwurzen-Fans und solche, die es werden wollen; also möglicherweise auch ein Buch für dich. Weiter bei **109**.

128

Gratulation! Herzlichen Glückwunsch! Mit diesem Buch hast du wirklich Geschmack bewiesen! Bravo! Weiter bei Abschnitt **1**.

129

Du überlegst kurz, wie du die vier Bücher auf dem Gepäckträger deines Fahrrades verstauen könntest. Weiter bei **109**.

130

Du musst nach Gresten. Du kennst dort einen Lehrer, der die Lehrerin kennt, die für die Bücherei zuständig ist. Vielleicht ist sie zu Hause und nicht gerade auf Urlaub. Sicher möchte sie auch, dass das alte Töpper-Rezept wieder entdeckt wird. Ein leichteres Leben müsste doch auch Lehrer interessieren – und ihre Schüler. Aber das kann man nicht alles am Telefon erzählen. Man kann es am Telefon auch nicht erklären. Du musst nach Gresten! Etwas anderes bleibt dir nicht übrig. Du solltest dein Abenteuer zu Ende bringen. Auch wenn der Wetterbericht Gewitter angekündigt hat.

Entschlossen machst du dich auf den Weg. Wenn du dich einmal einer Aufgabe gestellt hast, dann erfüllst du sie auch. Kein Donnerschlag wird dich abhalten und kein Regenschauer. Du bist ein einsamer Wolf im Land der *Eisenwurzen,* auf der Suche nach dem verlorenen Rezept. Es ist eigentlich nur mehr das Rezept, hinter dem du her bist. Den Schwarzen Grafen hast du beinahe schon vergessen.

Der Lärm der Stadt bleibt langsam hinter dir zurück. Die Reifen surren auf dem Asphalt. Groß und finster stehen die Wolken am Horizont. In den Blättern ist ein bösartiges Raunen. Der Wind wirbelt wilde Staubspiralen auf.

Weiter bei **133**.

131

Eigentlich könntest du kurz ins Heimatmuseum schauen. Dort erfährst du vielleicht noch mehr über Schwarze Grafen. Dort gibt es Schwanzhämmer, eine alte Esse, die Werkstätte eines Kleinschmiedes . . .

Bald hast du den Oberen Stadtplatz erreicht. Eine Politesse geht von Auto zu Auto und kontrolliert die Parkscheine. Warum nicht auch bei ihr Auskunft einholen? Die Polizei – dein Freund und Helfer, so sieht sie sich selbst.

»Kennen Sie in dieser Gegend einen Schwarzen Grafen?«, fragst du so arglos wie möglich. Nach ihrem Leichter-leben-Rezept erkundigst du dich vorerst nicht; sie könnte das in die falsche Kehle kriegen. Die Flaschenpost erwähnst du auch nicht.

Die Politesse schmunzelt. »Ich bin ja für den ruhenden Verkehr zuständig. Aber den Schwarzen Grafen, den kenn ich. Der ist amtsbekannt. Was ist mit ihm? Hat er schon wieder etwas ausgefressen?«

Du bist sprachlos. Wie? Ausgefressen? Fressen Grafen etwas aus? Und überhaupt: Andreas Töpper ist seit mehr als hundertzwanzig Jahren tot! Wie kann er da etwas ausfressen? Die Gute meint bestimmt nicht Töpper.

»Wie sieht er aus?«, fragst du, leicht verwirrt.

»Tja«, sagt die Politesse. »Wie sieht er aus?« Sie nimmt ihre Kappe ab, vielleicht um besser nachdenken zu können. »Schmales Gesicht, lange, schwarze Haare, Schnurrbart. Am rechten Zeigefinger fehlt ihm der Nagel. Fahndungsbild haben wir keins von ihm.«

Fahndungsbild? Steckbrief? Das wird ja immer schöner!

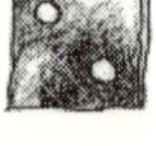

»Und wo kann ich ihn finden?«

Sie zuckt die Achseln. »Schwierig zu sagen. Bald hier, bald dort. Keine Ahnung, wo er sich jetzt im Sommer aufhält. Da hilft er öfter den Bauern. Was willst du eigentlich von dem?«

Sollst du sagen, dass da einer festsitzt, der sich als Schwarzer Graf ausgibt? Dass er ein Rezept für ein leichteres Leben hatte? Dass man ihm dieses Rezept wahrscheinlich geklaut hat? Das Leichter-leben-Rezept könnte doch auch die Polizei interessieren. Aber die scheint nichts davon zu wissen.

Die Politesse setzt ihre Mütze wieder auf. Sie hat einen Parksünder erspäht – ein Mercedes mit Linzer Kennzeichen ohne Parkschein hinter der Windschutzscheibe. Jetzt wird amtsgehandelt. Die Politesse stellt ein Strafmandat über 200 Schilling aus und klemmt einen Zahlschein hinter die Windschutzscheibe. Weiter bei **132**.

132

»Eine Frage noch!«, rufst du ihr nach. »Ist er kurzsichtig, der Schwarze Graf?« Die großen Druckbuchstaben sind dir wieder eingefallen, mit denen der Hilferuf geschrieben war.

»Der und kurzsichtig? Das glaub ich nicht. Bis jetzt hat er immer alles gefunden, was er finden wollte.«

Was soll das nun wieder heißen?

»Warum interessierst du dich eigentlich für den?«, fragt die Politesse und schaut dich schief an. Sie ist misstrau-

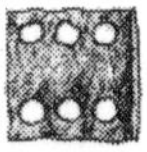

isch geworden. Hoffentlich bekommst du jetzt kein Strafmandat hinters Ohr gesteckt.

»Es ist nur für die Schülerzeitung«, sagst du leichthin.

»Zeitung?« Die Politesse scheint nicht gerade begeistert zu sein. »He, was ich dir erzählt habe, ist eigentlich Amtsgeheimnis, ja? Das behältst du am besten für dich!«

Achselzuckend gehst du weiter. Immerhin, ein paar Hinweise hast du bekommen. Vielleicht solltest du ein Phantombild zeichnen . . . Weiter bei **69**.

133

Am Himmel ballen sich immer mehr dunkle Wolken zusammen.

Nach Ybbsitz klatschen die ersten Regentropfen auf den Asphalt. Noch fährst du unbeirrt weiter. Gut, dass du bald die *Grestner Höhe* erreichen wirst. Gut, dass es dort ein Gasthaus gibt, den sogenannten *Luftwirt.* Weiter bei **134**.

134

Du springst vom Fahrrad, willst schon die Tür öffnen und das Wirtshaus betreten. Da fällt dein Blick auf ein kleines Schild: *Heute Ruhetag*! Nein, nicht das auch noch!

Du überlegst. Es hat stärker zu regnen begonnen. Willst du hier warten? Oder umkehren? Du entschließt dich für das Zweite. Bis du Gresten erreichst, bist du voll gesogen

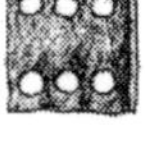

wie ein Badeschwamm. Kein Mensch würde dir öffnen. Für jemanden, dem das Wasser aus Ohren, Nase und Hosenbeinen rinnt, macht man sich nicht auf die Suche nach einem alten Buch. Oder nach zwei Seiten in einem alten Buch. Also zurück! Hoffentlich erreichst du noch den Markt Ybbsitz! Weiter bei **135**.

135

Der Himmel hat alle Schleusen geöffnet. Es schüttet wie aus Fässern und Kannen. Der Regen prasselt herab, dass du kaum die Hand vor den Augen siehst. So ähnlich hast du dir immer den Weltuntergang vorgestellt. Innerhalb weniger Minuten bist du völlig durchnässt. Du hast zwar ein kleines Zelt bei dir, aber keinen Regenschirm. Der würde dir bei diesem Wolkenbruch auch nur wenig nützen.

Weiterfahren ist sinnlos. Du hast am ganzen Körper keinen trockenen Faden mehr. Es ist zum Verzweifeln – weit und breit kein Haus, wo du Zuflucht finden könntest. Doch – da vorne, was ist das? Auf einer Anhöhe steht windschief ein alter Heustadel, halb verfallen zwar, aber immerhin – die einzige Möglichkeit einer bösen Grippe zu entgehen . . . Weiter bei **136**.

136

Du lässt das Rad einfach fallen und flüchtest in die alte Scheune. Jetzt ist ein Dach über dem Kopf das Wichtigste! Die Tür bleibt angelehnt. Sie ächzt und knarrt in den Angeln, wenn der Sturm an ihr rüttelt. Du wringst das

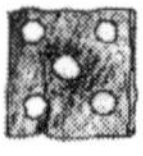

Wasser aus deinen Haaren. Vorsichtig machst du ein paar Schritte ins Ungewisse. Merkwürdig, der Stadel wirkt von innen weit größer als von außen! Noch ein Schritt vorwärts, du spürst etwas Hartes unter deinem Fuß – und bekommst einen heftigen Schlag gegen den Kopf! Weiter bei **137**.

137

Was ist passiert? Als sich deine Augen an das seltsame Zwielicht gewöhnt haben, wird dir klar, wer dir den Schlag versetzt hat. Du bist auf einen hölzernen Rechen gestiegen, auf einen Heurechen!

Aufatmend lässt du dich ins Heu sinken. Du ziehst dein nasses Zeug aus und suchst im Rucksack nach einem Handtuch, um dich abzutrocknen. Dann schließt du für einen Moment die Augen, entspannst dich. Plötzlich spürst du eine Berührung auf deinem nackten Unterarm, ein zartes Kitzeln, kaum wahrnehmbar, wie ein Atemhauch. Du reißt die Augen auf. Weiter bei **138**.

138

Vor deiner Nase baumelt an einem Faden eine riesige Spinne. Spinnen sollen Glück bringen, heißt es! Du setzt dich auf, siehst dich in dem Halbdunkel um, versuchst irgendetwas auszumachen. In dem Schuppen herrscht geheimnisvolles graues Dämmerlicht. Das ist es nicht, was dich beunruhigt. Es ist ein Geruch, der dich stört. In

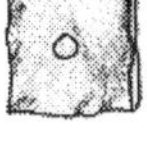

einem Heuschober sollte es eigentlich nach Heu duften. Aber – du schnupperst prüfend – es riecht nicht nur nach Heu. Etwas Fremdes liegt in der Luft, ohne dass du genau sagen könntest, was es ist. Weiter bei **139**.

139

Nein, es ist nicht nur ein Geruch, es ist ein unangenehmes Gemisch von mehreren Gerüchen. Du holst deine Taschenlampe aus dem Rucksack und knipst sie an. Besorgt musst du feststellen, dass sie nur mehr schwach leuchtet. Wie ein bleicher Finger tastet sich der blasse Strahl durch den Heustadel, huscht über Spinnennetze und altes Gerät. An einem Deckenbalken entdeckst du etwas, das ein Wespennest sein könnte. Ein paar Besen lehnen in einer Ecke, vier oder fünf Reisigbesen, und daneben liegt eine eiserne Grablaterne . . .

Die Grablaterne ist keineswegs ein Beruhigungsmittel und die Besen geben neue Rätsel auf. Sie passen irgendwie nicht hierher, genauso wenig wie dieser merkwürdige Geruch. Über einen einzigen Besen würdest du dich nicht wundern, auch nicht über einen Holzrechen, der dir gegen den Kopf kracht, oder eine Heugabel. Doch wozu fünf Reisigbesen in einem Heustadel? Bist du an einem geheimen Treffpunkt von Hexen gelandet? Hat ein Ybbstaler Hexenzirkel hier seinen Sitz?

Du schaltest deine Taschenlampe wieder ab, um die Batterien zu schonen. Als du dir ein bequemeres Lager richten willst, spürst du plötzlich einen kleinen Gegenstand zwischen deinen Fingern. Weiter bei **140**.

140

Du könntest lachen, wenn dir nicht zum Heulen wäre. Du hast eine Nadel gefunden, eine Nadel in einem Heuhaufen! Nachdenklich betrachtest du deinen Fund. Wer weiß, vielleicht wurden auch Nadeln in dieser Gegend erzeugt. Aber eine Sicherheitsnadel? Sie sieht noch so neu aus; kein bisschen Rost hat sie angesetzt. Es scheint, als wäre sie erst vor kurzem benützt worden. Dein Unbehagen verstärkt sich. Schon die ganze Zeit hast du das unbestimmte Gefühl, dass du nicht allein hier bist. Wozu dient diese Scheune? Wirklich nur zum Lagern von Heu? Oder ist das hier ein Umschlagplatz für Schmugglerware? Vielleicht hat gar jemand in diesem Stadel sein Quartier aufgeschlagen. Das würde auch den fremdartigen Geruch erklären. Andererseits könnte auch der Bauer, der das Heu hier gelagert hat, die Nadel verloren haben – oder die Bäuerin.

Auf einmal ein Krach! Du fährst herum. Urplötzlich ist es finster geworden. Das Stadeltor ist zu! Ein heftiger Windstoß muss es zugeschlagen haben. Dein Herz klopft, aber du fühlst dich im Augenblick zu müde, um das Tor wieder zu öffnen. Noch einmal holst du deine Taschenlampe aus dem Rucksack und knipst sie kurz an. Du glaubst ein Rascheln zu hören, als ob jemand Papier zerknüllen würde. Aber es kann auch eine Täuschung sein; der Regen prasselt laut und heftig nieder und noch immer grollt der Donner. Weiter bei **141**.

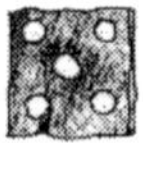

141

Da! Du wirst ganz steif vor Entsetzen. Deine Augen weiten sich vor Angst. Dir zittern plötzlich die Knie. Mit aller Kraft unterdrückst du einen Schreckensschrei, presst

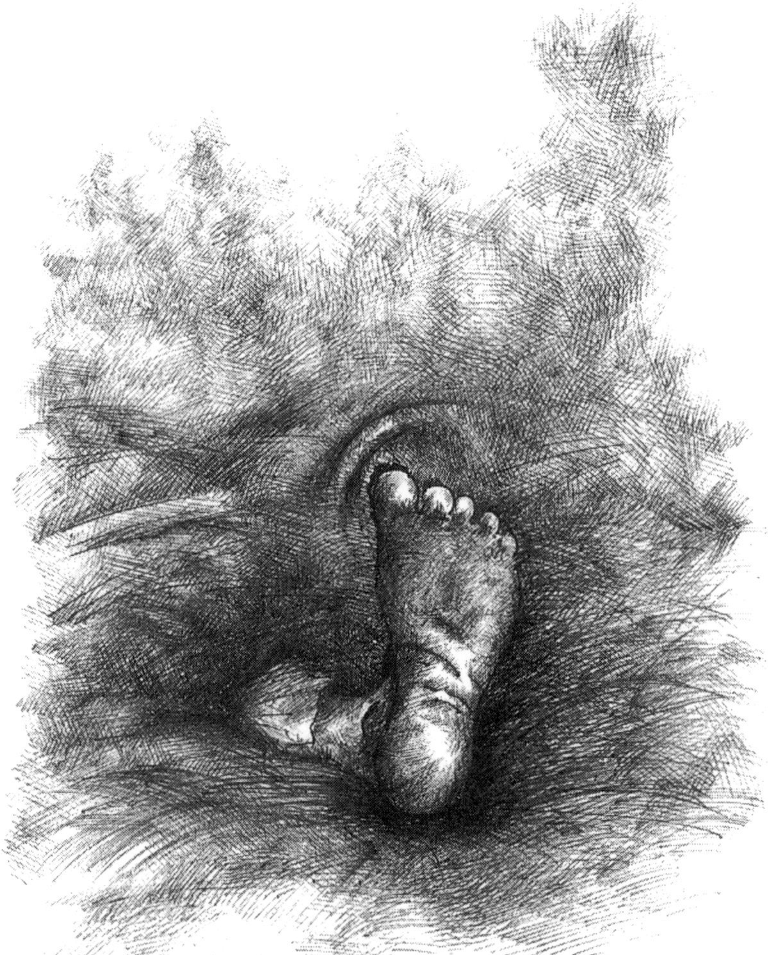

die Lippen zusammen. Du merkst, wie dir übel wird, möchtest dich irgendwo festhalten. Trotzdem – du zwingst dich noch einmal hinzusehen. Aus dem Heuhaufen vor dir ragt regungslos ein Fuß, ein menschlicher Fuß! Weiter bei **142**.

142

Obwohl die Lampe nur für einen Augenblick auf deine makabre Entdeckung gerichtet war, hast du eigentlich feststellen können: Der Fuß wirkte ungepflegt, die Zehennägel schmutzig und eingerissen!

Was jetzt? Reißt du aus? Denkst du an Flucht? Weiter bei **143**.

Oder kämpfst du an – und zwar gegen dein eigenes Entsetzen – und versuchst an diesem Ort des Grauens auszuharren? Weiter bei **150**.

143

In deinem Kopf hat nur mehr ein einziger Gedanke Platz: Du willst weg, nichts wie weg, möglichst weit weg von dieser schrecklichen Entdeckung. Und wenn draußen zehn Gewitter niedergehen! Du stürzt Richtung Scheunentor, stolperst über einen Gegenstand, der dumpf klirrend umstürzt, raffst dich auf, erreichst endlich das Tor, wirfst dich mit aller Kraft dagegen, um es aufzudrücken, aber – es klemmt! Verzweifelt hämmerst du gegen die Balken. Vergeblich. Der Sturm muss es so heftig zugeschlagen haben, dass sich das Tor von innen nicht mehr öffnen lässt. Du bist gefangen, gefangen in einem Heustadel wie einst der Lindwurm vom *Königsberg!* Jetzt musst du zum Würfel greifen.

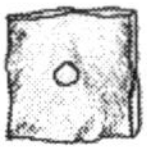 oder 

Immer wieder wirfst du dich, mit der Schulter voran, gegen das verdammte Tor. Aus Filmen weißt du, dass man es so macht. Und schließlich gibt das Tor nach und schlägt krachend auf. Du stehst keuchend im Freien, mit schmerzender Schulter, im strömenden Regen. Der treibt dich nach kurzer Zeit wieder zurück in die Scheune. Weiter bei **151**.

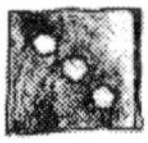 oder 

Du schaffst es einfach nicht das Tor zu öffnen. Aber das Licht, das durch ein paar Ritzen dringt, weist dir einen Weg. Du drückst zwei morsche Bretter auseinander und stehst im Freien. Aber rasch suchst du wieder Zuflucht unter dem schützenden Dach – zu heftig ist noch der Regen. Weiter bei **151**.

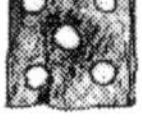 oder 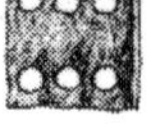

Vergeblich drückst du mit aller Kraft gegen das

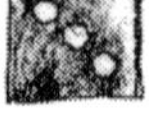

Scheunentor. Du traktierst es mit Fußtritten und Faustschlägen – es hält dir stand. Du schaffst es nicht, du kommst nicht hinaus. Mit Prellungen an Händen und Füßen, halb ohnmächtig vor Angst, ergibst du dich in dein Schicksal. Weiter bei **151**.

144

Ein Seufzer der Erleichterung. Es war alles nur Einbildung! Deine überreizte Phantasie hat dir anscheinend etwas vorgegaukelt. Du wischst dir den Schweiß von der Stirn und lauscht in das Dunkel vor dir. Der Regen scheint nachzulassen. Das Donnergrollen hat sich entfernt. Das Gewitter zieht weiter und mit dem Gewitter, kommt es dir vor, entfernt sich auch das Unheil, das seit geraumer Zeit wie eine riesige Spinne in dieser Scheune lauert. Schon willst du aufatmen.

Jetzt, wo das Unwetter nachlässt und es draußen ruhiger wird, kannst du hören, dass der Schuppen voller Geräusche ist! Es knarrt im Gebälk, der Wind pfeift durch die Spalten der Holzwand und irgendwo tropft Wasser. Bestimmt ist das Dach nicht mehr dicht. Dazu kommt jetzt ein neues Geräusch: wieder dieses Rascheln, als würde jemand Zeitungspapier zusammenknüllen. Haust eine Ratte in dieser halb verfallenen Scheune, eine Mäusefamilie? Du lauschst angestrengt, hältst den Atem an. Auf deiner Stirn haben sich viele kleine Schweißperlen gebildet. Weiter bei **145.**

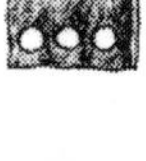

145

Noch ein anderes Geräusch ist in der Dunkelheit zu hören. Als ob eine Flasche geöffnet, ein Korken aus einem engen Flaschenhals gezogen würde. Du vernimmst das Blubbern einer Flüssigkeit, Schlucken, Schlürfen . . . Damit steht fest: Du bist nicht der einzige Mensch in diesem Heustadel, du warst die ganze Zeit nicht allein! Hier hat außer dir noch jemand Unterschlupf gefunden! Aber wer? Und wie viele Leute halten sich hier auf? Nur keine Panik, schärfst du dir ein: Jetzt heißt es kühlen Kopf bewahren.

Plötzlich flammt ein Feuerzeug auf. Die kleine Flamme beleuchtet ein hageres, blasses, unrasiertes Männergesicht. Du musst dir die Hand vor den Mund halten, um nicht vor Schreck aufzuschreien. Der Kerl sieht zum Fürchten aus! Er hockt im Heu und kramt mit der Linken in einem Koffer, so viel lässt sich im Schein der schwachen Flamme feststellen.

Von seinem Gesicht kannst du nicht viel erkennen, weil ihm die langen, dunklen Haare in die Stirn gefallen sind. Sie sind verfilzt und sehen schmutzig aus. Hinter dem Mann stapeln sich leere Konservendosen. Jetzt kannst du dir auch erklären, woher der seltsame Geruch kommt. Es ist der Geruch des Landstreichers. Vermutlich gibt es kein Badezimmer in dieser Scheune. Weiter bei **146**.

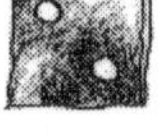

Mit dem Feuerzeug zündet der Vagabund eine Kerze an. Dir wird siedend heiß. Kerzenlicht in einem Heustadel! Du darfst gar nicht daran denken. Wenn die Laterne umfällt, wenn sie das trockene Heu entzündet, dann steht die ganze Scheune in Sekundenschnelle in Flammen!

Und noch eine Entdeckung machst du: Die Hand, die die Kerze entzündet hat, sieht schmutzig aus, die Fingernägel sind ungepflegt und eingerissen. Es ist eine Hand, die gut zu dem Fuß passt, der vorhin aus dem Heuhaufen ragte! Das Bild, das du dir von diesem Mann machst, bekommt Hand und Fuß!

Unbeweglich sitzt du da, ängstlich bemüht nicht bemerkt zu werden. Kaum dass du zu atmen wagst. Jetzt nimmt der unheimliche Untermieter die Kerze und stellt sie in eine eiserne Grablaterne. Dann hebt er die Laterne hoch. Dabei murmelt er unverständliches Zeug vor sich hin. Es hört sich an wie eine Geisterbeschwörung. Das Licht der Laterne reicht jetzt aus, um neben den Konservendosen etliche leere Weinflaschen auszumachen. In einigen stecken Kerzenstummel, als wären sie als Leuchter benützt worden.

Der Landstreicher holt eine neue Flasche, entkorkt sie und trinkt daraus in langen Zügen.

Dann geschieht etwas Merkwürdiges. Der Mann setzt die Flasche ab, rülpst, stellt sie weg und nimmt ein Stück Papier. Anscheinend ist es bedruckt oder beschrieben, denn er liest es aufmerksam durch. Dann reißt er den Rand ab, bis der Zettel die Größe einer Postkarte hat. Nun beginnt er mit geschickten Fingern das Papier einzurollen. Dabei entdeckst du, dass ihm der Nagel an dem rechten Zeigefinger fehlt! Neue böse Vorahnungen steigen in dir hoch: Will sich der Kerl eine Zigarette drehen? Wenn das stimmt, dann bleibt dir nichts anderes übrig als schleunigst das Weite zu suchen! Hoffentlich kriegst du das Scheunentor auf! Die ganze Zeit schon bist du in Gefahr. Wie viele Scheunen sind abgebrannt, weil sich irgendein Vagabund einen Glimmstengel anzündete und beim Rauchen einschlief! Weiter bei **147**.

147

Aber wieder hast du dich getäuscht. Es wird gar keine Zigarette, was da unter den Händen des Mannes entsteht; das Röllchen wird nicht mit Tabak gefüllt. Der Landstreicher dreht und zwirbelt es, rollt es noch einmal auf, wieder zusammen, betrachtet prüfend sein Werk und schiebt sich das Röllchen ins Ohr – zuerst ins rechte, danach ins linke; so wie man es mit Wattestäbchen bei kleinen Kindern macht, um deren Ohren zu reinigen. Das, was du hier beobachtest, hat anscheinend mit Körperpflege zu tun. Wer weiß, vielleicht säubern sich alle Landstreicher auf diese Art die Ohren?

Du lässt den Mann nicht aus den Augen. Deine Nerven sind zum Bersten gespannt. Weiter bei **148**.

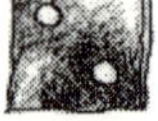

148

Nachdem der Vagabund ausgiebig seinen Gehörgang gereinigt hat, kommen die Nasenlöcher an die Reihe. Jedes benutzte Röllchen steckt der Landstreicher in eine leere Weinflasche und verschließt sie mit einem Korken.

Dir fällt es plötzlich wie Schuppen von den Augen! Ein Papierröllchen! Ein Papierröllchen in einer Flasche! So was hast du gefunden. Damit hat alles begonnen, mit dieser Flaschenpost in der Ybbs. Aber war es überhaupt eine Flaschenpost? Eine böse Ahnung beschleicht dich. Bist du vielleicht einem fürchterlichen Irrtum erlegen? Bist du der Marotte eines alten Spinners aufgesessen?

Du kannst dich nicht mehr länger zurückhalten.

Weiter bei **149**.

149

»He, warum tun Sie das?«, fragst du entgeistert. »Warum in aller Welt stecken Sie Papier in leere Flaschen?«

Weiter bei **152**.

150

Schweißperlen stehen auf deiner Stirn, eine Gänsehaut nach der anderen jagt über deinen Rücken. Doch du beißt die Zähne zusammen, noch einmal, ein allerletz-

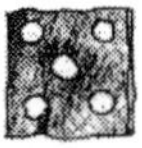

tes Mal. Soll alles umsonst gewesen sein, was du bisher auf dich genommen hast? O ja, es gibt angenehmere Situationen als gemeinsam mit einem fremden Fuß eine Gewitternacht in einem Heustadel zu verbringen. Aber wenn du jetzt davonläufst, dann wirst du wahrscheinlich eine Menge Schwierigkeiten bekommen . . . Wer sagt denn, dass eine Leiche in nächster Nähe vor dir im Heu liegt?

Da hat sich doch eben etwas geregt? Du kämpfst das Grauen in dir nieder. Die Taschenlampe hältst du fest umklammert, als könnte sie dir Halt geben. Aber der Schein der Lampe wird schwächer. Die Batterien! Klappernd schlagen deine Zähne aufeinander, als du den dünnen Strahl deiner Lampe nochmals auf die bestimmte Stelle richtest. Und jetzt ist der Fuß verschwunden! Weiter bei **151**.

151

Ein Blitz erhellt für einen Moment die ganze Scheune. Von einem menschlichen Fuß ist nichts mehr zu sehen. Du musst das Opfer einer Täuschung geworden sein. Weiter bei **144**.

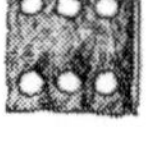

152

Der Landstreicher fährt herum. Mit der Laterne leuchtet er in deine Richtung. Du siehst, dass die Laterne zittert und schwankt. »Du lieber Himmel«, sagt er. »Hast du mir aber einen Schrecken eingejagt!«

Du wiederholst deine Frage. »Warum stecken Sie Papier in leere Flaschen?«

Er antwortet grinsend – mit einer Gegenfrage. »Soll ich das Papier in volle Flaschen stecken?« Dir verschlägt es die Sprache.

»Du kannst mich übrigens duzen«, fügt er leutselig hinzu und hält dir die halb volle Flasche entgegen. »Jeder sagt ›du‹ zu mir. – Und warum ich das tue?« Er kratzt sich ausgiebig am Hinterkopf und lehnt sich gegen einen Heuballen. »Das frag ich mich manchmal selber. – Es sind meine Lebenszeichen«, sagt er dann langsam nach einer Pause. »Es sind meine Botschaften an die Welt. Irgendwie muss ich mich bemerkbar machen. Wenn ich tot bin, bin ich im selben Moment vergessen. Einen wie mich braucht heut keiner mehr. Bei den Bauern krieg ich manchmal Arbeit, aber aus Mitleid, nicht weil sie mich brauchen. Wer braucht schon einen alten Besenbinder?« Er lacht bitter. »Wer braucht schon einen Besen von einem Besenbinder? Die gibt's im Baumarkt zum halben Preis.« Weiter bei **153**.

153

Der Mann tut dir irgendwie Leid, obwohl er dir einen fürchterlichen Schrecken eingejagt hat. Die Weinflaschen hat er wahrscheinlich gestohlen, vielleicht auch die Konserven und die Grablaternen. Das ist nicht in Ordnung, aber wovon soll einer leben, dem man nicht abkauft, was er erzeugt?

Sein Problem ist dasselbe, das die Hammerherren hatten, als es mit ihnen zu Ende ging, denkst du. Sie erzeugten Sensen und Sicheln, als auf den Feldern bereits Maschinen zur Ernte eingesetzt wurden. Nur wenige konnten sich umstellen, noch weniger konnten sich halten. Weiter bei **154**.

154

Im Kerzenlicht wechselst du die Batterien aus. Immer wieder schielst du vorsichtig nach der Laterne, ob sie auch gut steht und nicht kippt.

Dann beginnst du zu erzählen. Du sprichst schnell, fast hastig, verhaspelst dich immer wieder, aber mit jedem Wort, das dir über die Lippen kommt, merkst du, wie gut dir das Reden tut. Deine Aufregung lässt ein wenig nach. Du sagst dein Sprüchlein auf von der Schülerzeitung und stellst wieder einmal die berühmte Frage, diesmal an den Landstreicher: »Gibt es ein Leichter-leben-Rezept?«

Jetzt ist es einfach die Rede auf das alte Buch zu bringen. Gleich wird es sich entscheiden, ob deine Ausdauer be-

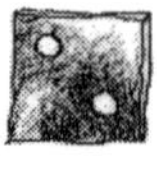

lohnt wird. Du setzt alle Hoffnungen in den Landstreicher.

»Das da«, murmelst du und deine Stimme klingt ganz heiser. Du nestelst das lederne Buch aus deinem Rucksack, »das müssen Sie im Zug vergessen haben.«

Schweigend nimmt der Mann den Band entgegen. Er kann sich anscheinend nicht daran erinnern.

»Ein schönes Buch«, sagst du. Du brennst innerlich vor Aufregung.

»Alt, aber schön.«

»Du kannst es haben«, sagt er schließlich und gibt dir das Buch zurück. »Ich brauch es nicht mehr.«

Du zitterst vor Anspannung. »Ein Blatt fehlt!«, stößt du hervor.

»Die wichtigsten zwei Seiten. Die Seiten mit dem Rezept.«

Das mit dem Rezept interessiert ihn. Er bittet dich alles zu erzählen. Du musst weit ausholen. Du berichtest von Andreas Töpper und seiner Frau Helena, die wundersame Tränklein mischte. Und als du ihm erzählst, dass man mit einem Leichter-leben-Rezept heutzutage eine Menge Geld machen kann, beginnen seine Augen zu glänzen. Bloß an die fehlenden Seiten kann er sich nicht erinnern. Du schlägst vor mit ihm gemeinsam seinen ganzen Papiervorrat durchzukämmen. Weiter bei **155**.

155

Schließlich nennst du deinen Namen, stellst dich vor. Dann wartest du. Jetzt sollte eigentlich auch dein Gegenüber das Geheimnis um seine Person lüften. Aber der Mann denkt offenbar nicht daran. Vielleicht hat er seine Gründe.

»Und wer sind Sie?«, fragst du, als du deine Neugier nicht länger bezähmen kannst. Mit dieser Frage machst du deinem Gesprächspartner allerdings keine Freude. Die Antwort lässt auf sich warten.

»Ich bin der Graf«, knurrt der Landstreicher schließlich nach einer langen Pause und rupft das Heu aus seinem zotteligen schwarzen Haar. »Karl Graf.« Und nach einer kurzen Pause fügt er hinzu: ». . . der Schwarze Graf genannt . . .« Es klingt, als wäre er stolz auf diesen Namen.
Weiter bei **156**.

156

In deinem Kopf beginnen Alarmglocken zu schrillen. Wie? Hast du richtig gehört? Sagte er wirklich »der Schwarze Graf«?

Du springst auf, stürzt auf den Mann zu, packst ihn an der Schulter, rüttelst ihn, als müsstest du ihn wecken, müsstest ihn aus einem langen, schweren Traum in die Wirklichkeit zurückholen. »Der Schwarze Graf?« Du schreist, um den Regen zu übertönen. »Sie sind der Schwarze Graf?«

Dir wird plötzlich schwindlig. Du musst dich setzen.

Du lehnst dich gegen die Holzwand, schließt die Augen, versuchst wenigstens einen klaren Gedanken zu fassen.

Mittlerweile kramt der Graf in seinem schäbigen alten Koffer. Da ist es wieder, das Rascheln, das du schon vor längerer Zeit bemerkt hast.

Weiter bei **157**.

157

»Wenn du mich beim Würfeln besiegst, darfst du meine Papiere durchsehen«, schmunzelt er. Also würfeln!

Der Graf würfelt zuerst. Er würfelt eine Eins. Jetzt bist du dran.

Wenn du 2, 3, 4, 5 oder 6 würfelst, hast du ihn besiegt. Weiter bei **159**.

Wenn du ebenfalls eine Eins würfelst, müsst ihr einen zweiten Durchgang machen. Weiter bei **158**.

158

Wieder würfelt der Graf nur eine Eins. Er ist wirklich kein Glückspilz. Und du übertriffst ihn diesmal. Weiter bei **159**.

159

Ein Stück Papier nach dem anderen zieht der Landstreicher aus seinem schäbigen Koffer hervor. Zeitungspapier, Briefe, Klopapier, Taschentücher, eine Haushaltsrolle – Unmengen Papier. Einmal schaut er kurz auf und bemerkt deinen staunenden Blick.

»Der Weise«, brummt er, »trägt all das Seine mit sich . . .« Du horchst auf. Das klingt ja wie Philosophie. Wer ist dieser Mann wirklich? Ein gestrauchelter Gymnasiallehrer aus Steyr? Der Typ drückt sich gewählt aus. Ein verkanntes Genie? Ein harmloser Spinner? Ein Einsiedler? Ein verkappter Manager aus der Stahlbranche auf dem Überlebenstrip? Ein verkrachter Künstler? Jedenfalls ein Lebenskünstler. Das Gesicht des Landstreichers kommt dir irgendwie bekannt vor, je länger du es betrachtest, fast vertraut. Ja, der Graf gleicht dem Phantombild, das du angefertigt hast!

»Papier«, brummt er in seine Bartstoppeln, als er ein Buch in die Hand nimmt, »Papier ist wichtig für unsereins, lebenswichtig, überlebenswichtig – vor allem bedrucktes Papier. Papier macht das Leben leichter, wenigstens Leuten wie mir . . .« Weiter bei **160**.

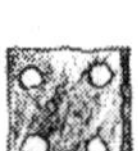

160

Du horchst auf. Papier als Leichter-leben-Rezept?

»Papier zum Feuermachen«, brummt der Schwarze Graf weiter vor sich hin. »Papier zum Zudecken, Zeitungen als Unterwäsche, als Matratze, als Betttuch, Handtuch und als Kopfkissen. Zeitungen, damit du dein einziges Paar Schuhe ausstopfen kannst, wenn sie nass geworden sind. Zeitungen als Schutz vor Sonne und Wind. Altpapier kostet nix. Du findest Zeitungen und Bücher im Container. Du findest sie auf der Parkbank. Du findest sie im Papierkorb. Wer will, kann sie sogar lesen. Manche wenigstens . . .« Er redet sich richtig in Eifer. »Übrigens ist Zeitung nicht gleich Zeitung. Je größer, desto besser, sage ich immer. Einen Winter lang hab ich *Die Zeit* unter dem Hemd getragen. Irgendwer hat sie in einem Eisenbahnwagen liegen lassen. Das war ein Glücksfall. Ja, manchmal hat auch einer wie ich Glück. Im Sommer trag ich übrigens die *Eisenstraßen-News* ganz gern, obwohl das Papier etwas steif ist.«

Das ist hochinteressant, besonders für einen Zeitungsmacher wie dich . . . Weiter bei **161**.

161

Während der Graf so vor sich hin redet, fängst du an den Papierberg zu sortieren. Der Graf hat es gestattet, das hast du deinem Würfelglück zu verdanken. Stück für Stück schaust du bei Grablaternenlicht durch. Inzwischen hat der Landstreicher eine zweite Laterne angezündet, es ist die, die du vorhin neben den Besen gesehen hast.

Noch gibst du die Hoffnung nicht auf die fehlenden Buchseiten zu entdecken. Du hast wieder etwas Mut gefasst. So schnell wirfst du die Flinte nicht ins Korn. Du kannst dich nicht damit abfinden, dass das Leichter-leben-Rezept für immer verloren sein soll. Geduldig leuchtet dir der Schwarze Graf mit der Grablaterne. Er genießt es anscheinend, dass sich jemand für seine Habseligkeiten interessiert. Du entdeckst eine alte Landkarte, eine Rechnung über eine Glühbirne aus dem Jahr 1959, einen Fahrschein von Amstetten nach Waidhofen an der Ybbs (noch nicht entwertet), ein Flugblatt von einem Zeltfest, einen Stimmzettel von der letzten Wahl.

Doch die Buchseiten bleiben verschwunden. Wer weiß, vielleicht hat er irgendwann einmal seine nassen Schuhe damit ausgestopft. Es ist zum Verzweifeln. Du könntest heulen. Du könntest dir die Haare einzeln ausreißen. So nah am Ziel, so nah am Rezept musst du aufgeben. Weiter bei **162**.

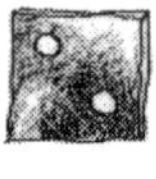

162

Und dann auf einmal – du hast den Schatz des Grafen beinahe ganz durchgesehen – hast du ein besonderes Blatt Papier in der Hand. Es ist ein Blatt mit einem großen Loch in der Mitte. Leider ist es nicht das fehlende Blatt aus dem alten Buch. Es sieht aus wie ein Brief, der mit der Hand geschrieben wurde, und es sieht aus, als hätten die Mäuse das Mittelstück herausgenagt. *(Umblättern!)*

Du überfliegst das Schriftstück; gar nicht einfach so einen Lückentext zu verstehen. Aber plötzlich begreifst du, was du in Händen hältst. Du selbst besitzt das andere Stück von diesem zweiteiligen Puzzle! Du trägst diesen fehlenden Domino-Stein schon tagelang mit dir herum. Es ist die Botschaft, die du aus der Ybbs gefischt hast – und dieser Brief hier ist die bessere Hälfte! Du kramst das Röllchen aus deinem Rucksack und hältst beide Teile zusammen. Der Schwarze Graf sieht dir über die Schulter. Er wirkt dabei etwas zerknirscht. Weiter bei **163**.

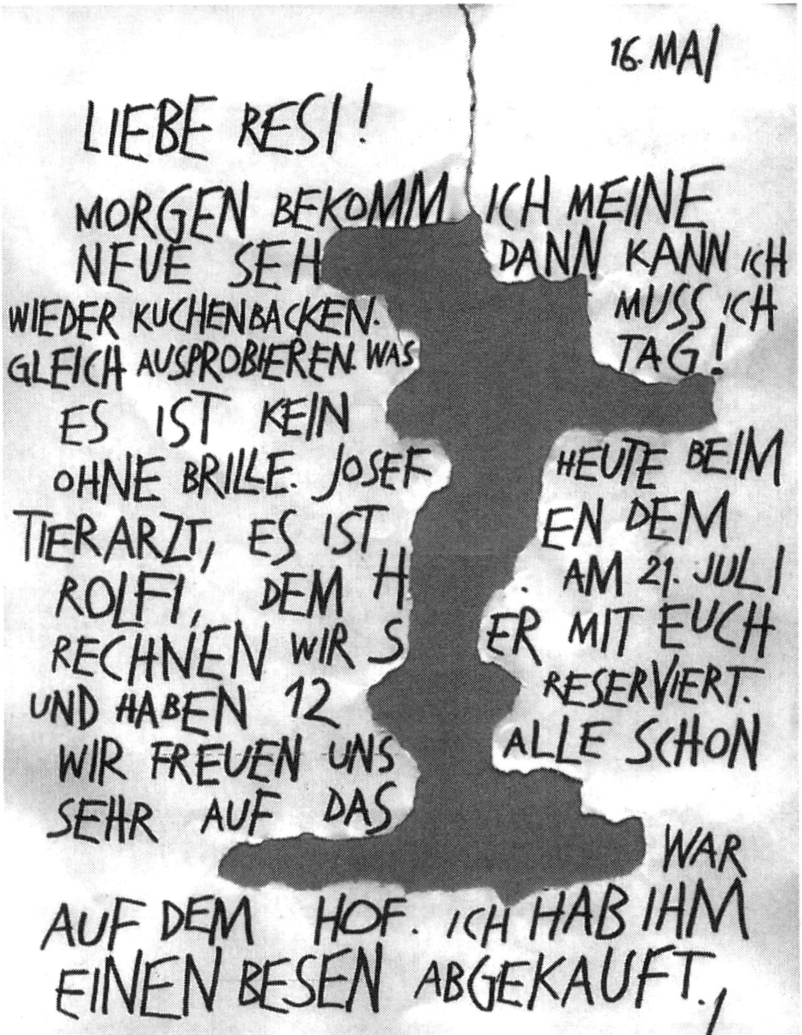

16. MAI

LIEBE RESI!

MORGEN BEKOMM ICH MEINE
NEUE SEH DANN KANN ICH
WIEDER KUCHENBACKEN. MUSS ICH
GLEICH AUSPROBIEREN. WAS TAG!
ES IST KEIN
OHNE BRILLE. JOSEF HEUTE BEIM
TIERARZT, ES IST EN DEM
ROLFI, DEM H AM 21. JULI
RECHNEN WIR S ER MIT EUCH
UND HABEN 12 RESERVIERT.
WIR FREUEN UNS ALLE SCHON
SEHR AUF DAS
WAR
AUF DEM HOF. ICH HAB IHM
EINEN BESEN ABGEKAUFT.

/.

HILFE!
DAS REZEPT
FÜR EIN
LEICHTES LEBEN
IST
WEG
UND
ICH
SITZE
FEST!
DER SCHWARZE GRAF

16. MAI

LIEBE RESI!

MORGEN BEKOMM ICH MEINE
NEUE SEHHILFE! DANN KANN ICH
WIEDER KUCHENBACKEN. DAS REZEPT MUSS ICH
GLEICH AUSPROBIEREN. WAS FÜR EIN TAG!
ES IST KEIN LEICHTES LEBEN
OHNE BRILLE. JOSEF IST HEUTE BEIM
TIERARZT, ES IST WEGEN DEM
ROLFI, DEM HUND. AM 21. JULI
RECHNEN WIR SICHER MIT EUCH
UND HABEN 12 SITZE RESERVIERT.
WIR FREUEN UNS ALLE SCHON
SEHR AUF DAS FEST!
DER SCHWARZE GRAF WAR
AUF DEM HOF. ICH HAB IHM
EINEN BESEN ABGEKAUFT.

/.

163

Bevor du noch eine Frage stellst, beginnt er zu erzählen. Auf einem Bauernhof in der *Mendling* hat er einen Besen verkauft. Die kurzsichtige Bäuerin kennt er schon lang. »Sie hat mich in einem leeren Schafstall übernachten lassen und mir einen Brief an ihre Nichte mitgegeben und zwanzig Schilling für das Porto. Den Brief hätt ich auf dem Postamt in Göstling aufgeben sollen. Aber unterwegs hab ich Durst bekommen. Ich bin in ein Gasthaus und hab mir um das Geld ein Krügel Bier gekauft. Den Brief ohne Briefmarke aufgeben wollt ich auch nicht. Also hab ich ihn behalten. Irgendwann hab ich ihn dann geöffnet und gelesen.«

»Und in zwei Teile zerstückelt. Und diese verrückte Flaschenpost daraus gebastelt«, murmelst du.

»Genau, das mach ich öfter.«

Aus, denkst du, Ende, Sense. Der Starreporter der Schülerzeitung entpuppt sich als Flasche. Er fällt auf einen Landstreicher herein und schafft es nicht ein altes Rezept aufzutreiben. Die ganze Mission ein einziger Fehlschlag, ein Riesenflop – alles umsonst. Außer Spesen nichts gewesen.

Du fühlst dich ziemlich niedergeschlagen, so, als wärst du durch Töppers Walzwerk gedreht worden. Weiter bei **164**.

164

Tastend greifst du in deinen Rucksack. Du möchtest ein Taschentuch herausholen. Da spürst du etwas – eine Flasche. Es ist kein Eisenstraßenwein, es ist eine Flasche mit chinesischen Schriftzeichen. Hoffentlich hast du sie gekauft (und nicht einfach mitgenommen)! Du öffnest den Korken und bietest sie dem Landstreicher an. Der ergreift sie und will einen kräftigen Zug daraus tun.

»Nicht trinken!«, schreist du entgeistert. »Einreiben!«

Er setzt die Flasche ab, betrachtet sie und schaut dir zu, wie du etwas von der nussbraunen öligen Flüssigkeit auf deine Haut träufelst.

Weiter bei **165**.

165

Und schon spürst du, wie du anfängst alles mit anderen Augen zu sehen. Die ganze Mission umsonst? Nein, das war sie nicht. Du hast Mut und Ausdauer bewiesen. Du hast Land und Leute kennen gelernt. Du hast ein Tor in die Vergangenheit aufgestoßen.

Und du wirst jetzt, nach diesem anstrengenden Abenteuer, einmal richtig ausspannen. Du wirst dir das Leben etwas leichter machen. Leichter-leben-Rezepte hat man dir ja genug geliefert. Wenn schon ein einzelnes Rezept Erfolg hat, wie gut müssen dann mehrere zusammen wirken! Zum Beispiel könntest du dich mit einer Tafel Schokolade in einen Garten setzen, deine Lieblingsmusik anstellen und ein neues Buch beginnen. Aber halt! Noch ist diese Geschichte nicht zu Ende! Weiter bei **100**.

Quellennachweis

Adl, Ferdinand: *Sagen aus dem Mostviertel,* Band I und II, Verlag Sepp Ramharter, Amstetten 1952

Arbeitsgemeinschaft: *Heimatlesebuch für den Bezirk Scheibbs.* Verlag Gerhard Lins, Altenstadt (Vorarlberg) 1962

Gastro-Info: *Kulinarisches an der Eisenstraße.* Verein NÖ Eisenstraße, Ybbsitz 1995

Gutkas, Karl: *Geschichte des Landes Niederösterreich.* Verlag Niederösterreichisches Pressehaus, St. Pölten 1974

Gsteu, Hermann: *Länderkunde Österreichs.* Verlagsanstalt Tyrolia, Innsbruck 1957

Kaiser, Ullrich: *Das große Buch der Fantasy-Rollenspiele.* Corian-Verlag, Meitingen 1984

Kulturstraßen/Kulturparks, Band 13 der Reihe Denkmalpflege in Niederösterreich. Amt der NÖ Landesregierung, Wien o. J.

Scherbaum, Hugo: *Rückgang und Hebung der Kleineisenindustrie von Waidhofen a. d. Ybbs und Ybbsitz,* 1908

Schölnhammer, Resi: *Aus der Eisenwurzen,* Gedichte, Selbstverlag, Hollenstein 1952

Sonnleitner, Bertl: *Auf den Spuren des Eisens,* Verein zur Förderung der heimatkundlichen Forschung im Bezirk Amstetten, Amstetten 1992

Sperl/Stögmöller/Tippelt: *Österreichische Eisenstraße* – Ein Kulturführer in Farbe. Verlag Ennsthaler, Steyr 1992

Weißenhofer, Robert: *Die Waise vom Ybbstal.* Heimatland-Verlag, Krems-Wien o. J.

A 1
Amstetten
Rand
Sonntagberg
Waidhofen
Ybbsitz
Noth
Prolling
Opponitz
EISENWURZEN
St. Georgen a. Reith
Göstling
an der Ybbs
Hollenstein
an der Ybbs

A 1
Wieselburg/Ybbs
Purgstall
Scheibbs
Neustift
Reinsberg
Neubruck
resten
St. Anton a.d. Jeßnitz
Kienberg
Gaming
Lackenhof am Ötscher
unz am See